侗寨风雨桥（杨昌鼎　摄）

袁小娟　郭小江／主编

贵州省养猪行业协会
贵州省生猪产业发展工作专班　／编

"二师兄"在贵州

贵州大学出版社
GuiZhou University Press

图书在版编目（ＣＩＰ）数据

"二师兄"在贵州 / 贵州省生猪产业发展工作专班，
贵州省养猪行业协会编. -- 贵阳：贵州大学出版社，
2023.7
ISBN 978-7-5691-0763-0

Ⅰ.①二… Ⅱ.①贵… ②贵… Ⅲ.①养猪业－产业
发展－研究－贵州 Ⅳ.①F326.33

中国国家版本馆CIP数据核字(2023)第122616号

"二师兄"在贵州

编　　者：贵州省生猪产业发展工作专班、贵州省养猪行业协会

出 版 人：闵　军
责任编辑：徐　乾　江　琼
装帧设计：陈　艺

出版发行：贵州大学出版社有限责任公司
　　　　　地　址：贵阳市花溪区贵州大学北校区出版大楼
　　　　　邮编：550025　电话：0851-88291180
印　　刷：深圳市和谐印刷有限公司
开　　本：710毫米×1000毫米　1/16
印　　张：12.25
字　　数：164千字
版　　次：2023年7月第1版
印　　次：2023年7月第1次印刷

书　　号：IBSN 978-7-5691-0763-0
定　　价：88.00元

前　言　　　　　　　　　Foreword

　　这是一本全方面介绍贵州生猪产业发展的书。我们想以一种活泼有趣的方式讲述故事，让更多人深入了解贵州生猪，因此我们借用了最深入中国人心的"二师兄"形象。

　　我们将在这本书中谈到，从远古走来，从中国发展史走来，"二师兄"在贵州生活得怎样？发生了哪些有趣的事？我们考古"二师兄"在中国的历史，考古"二师兄"在贵州的历史。我们想让更多人多维度地了解"二师兄"的贵州生活，淋漓尽致地展现"二师兄"多彩的文化修养，去挑选关于"二师兄"的花样食谱，从而喜欢上贵州这个独特的"二师兄"。

　　这是一本从新闻角度阐述贵州生猪产业发展的书。"二师兄"的"小鲜肉"时代是历史遗留给贵州的财富——赫章可乐猪、从江小香猪、江口萝卜猪……《中国畜禽遗传资源志·猪志》共收录地方猪品种76个，贵州主要的地方猪种遗传资源便有11个品种。贵州万重大山的地形地貌阻隔了交通，猪种资源常常仅在小区域内流动，形成封闭和半封闭的繁育状态，品种的遗传性状相对稳定，成就了各具特征的宝贵的地方猪种遗传资源，塑造出了"二师兄"又鲜又帅又特别的个性。

　　如今，"二师兄"在贵州赶上现代化，过上或许人类都向往的田园生活。目前，全国前 20 强生猪产业化龙头企业中，已有 16 家在贵州省 62 个县实施生猪养殖或全业链一体化建设项目，省级以上产业化龙头企业拥有 114 家。贵州省有 33% 的农户从事生猪养殖，部分地区生猪养殖收入占农民收入的 30% 以上。依托生猪养殖，贵州勾画出饲料、养殖、屠宰、加工、包装、流通、销售等一体化产业脉络图，正推动着单一养殖向一、二、三产业融合发展转变。

　　这也是一次雄心勃勃的尝试，试图让"二师兄"带领大家进行一次轻松愉快的阅读。在编写这本书两年多的时间里，编者查阅了大量材料，多是一些养殖方面的研究，也才发现"二师兄"其实是"熟悉的陌生人"。要对"二师兄"形成涵盖历史、文化、经济等多方面的系统认识，确实费心费力。因此，这本书难免有疏漏之处，算是抛砖引玉，希望更多人加入其中，带大家认识这个标志中国人生活幸福指数的"二师兄"。

《"二师兄"在贵州》编委会

2022 年 11 月

目 录

Contents

第一章

『二师兄』在中国

袁小娟

← 在贵州黔东南侗族的长桌宴上，猪肉总是必备（袁小娟　摄）

4000 多万年前，从浩瀚无垠的宇宙中，"净坛使者"猪悟能再次来到了地球这颗寥廓的水蓝色星球。他要渡自己最后一劫——"桃花劫"以修成正果。

这一次，他幻化成人类眼中的古代猪科动物出现在了欧洲，以"二师兄"的朴实名字开启人世间新一轮修行。

桃花朵朵，朵朵桃花。桃花劫最是难过。历经 1500 万年，二师兄的后裔们——猪属动物的足迹遍布欧洲、亚洲、非洲大陆。"二师兄"成为人类生活幸福指数的标杆之一、拥抱喧嚣尘世的理由、眷恋人间的那一缕温情。

尤其对于中国。

猪是中国人最早驯化的动物，和"驯化"稻米一样历史久远，[①] 驯化动植物使中国成为世界农业革命起源地。"二师兄"在中国春光灿烂、风光无限。目前，地球上找不出像中国这般酷爱养猪、热爱煎炒烹炸猪肉的国家。从 20 世纪 80 年代起，中国生猪存栏量、出栏量和猪肉产量稳居世界前列。美国农业部数据显示：2020 年，全球拥有 17.5 亿头活猪，屠宰超过 10 亿头。全球半数的猪肉，都变成了花样百出的中国菜，进了中国人的肚子。

---

① 尤瓦尔·赫拉利：《人类简史：从动物到上帝》，林俊宏译，中信出版社，2014，第195页。

据国家统计局数据，2021年中国生猪存栏量达4.49亿头，出栏量达6.71亿头，猪肉产量达5296万吨。目前，猪肉仍旧是中国人最爱的肉类。《中国农业展望报告（2021—2030）》中预测，2030年，中国生猪供应预计为7.13亿头，达5998万吨。中国人均每年吃下42.13千克（84.26斤）猪肉，全国每年将消费6098万吨猪肉。

猪肉，是中国食客的真爱。据说，爱猪的最高境界就是美美地享受它的滋味。美国当代著名人类学家马文·哈里斯在代表作《母牛·猪·战争·妖巫——人类文化之谜》中阐释这种"相爱相杀"的情结："将猪肉融入人体，猪的灵魂汇入先人的心灵之中。"

"万年猪"是中国人的心头好（袁小娟 摄）

六畜之首 有猪才是家

凭借"接地气","二师兄"在中国很快就混成六畜之首。

六畜中,耕田犁地的牛是传统农耕中最主要的劳动力,驰骋沙场的马属于战略物资,满山乱跑的羊繁殖速度不快,一窝窝的鸡个头又太小……于是,"二师兄"凭借个头大、不挑食、繁殖能力超级强"出圈",成为中国人最主要的肉食来源,位列六畜之首。"猪粮安天下"确立了"二师兄"在中国牲畜江湖中"带头大哥"的地位。

纵观中国历史,发现"二师兄"还有个外号——"万年猪"。人们在广西桂林甑皮岩遗址的最下层,发现了距今约 1 万年的随葬猪,达 67 头之多。这显然印证了"二师兄"在中国的资历之深。

距今 8000 年—7000 年,"二师兄"的踪迹以黄河流域为中心,出现在中国河北徐水南庄头。人们还发现墓地里堆积了大量粟米,有的厚达 2 米。早在新石器时代,中国人就开启了有米有肉的好日子。

有猪作为幸福生活的标配被刻进了中国人的基因中。

在地处长江下游的新石器时代遗址——宁波市余姚市河姆渡文化遗址(距今 7000 年—5300 年),破碎的猪骨和猪牙齿随处可见,仿佛还能"闻"到当年烧煮猪肉时扑鼻的浓香味。这里还出土了一件印有长嘴大眼的家猪纹饰的陶钵,以及刻着稻穗和猪纹图案的陶盆。[①] 之后,在中国各地新石器时代遗址出土的家畜骨骼中,猪骨化石独占三分之一左右,彰显了"二师兄"在中国"桃花朵朵",子孙繁荣昌盛。晚期遗址更出土了数量庞大的猪骨。那时,中国人已更多地靠猎猪和养猪提高生活质量。

---

① 陈炎主编《大美中国》,上海古籍出版社,2018,第63-65页。

古朴的"二师兄"造型运用于摆件装饰（袁小娟　摄）

　　在浙江杭州良渚古城遗址发现的猪骨数量最多，占了可鉴定骨骼数量的 70% 以上。良渚文明被认为是中国长江中下游最重要的史前文明，也是东亚早期文明的主要源头之一。猪，曾经是这座规模宏大的古城中重要的肉食来源。

　　"五谷丰登，六畜兴旺"承载了中国人"桃花源"般的生活，是人间烟火味的顶配。

　　中国人的"家"字，拆字析义，是一家一户有了猪才是完整的家，由此可见"二师兄"在中国人心中的分量。或许因为这个情结，中国人历来都非常重视养猪。

"二师兄"早期"圈粉"之旅

商代的养猪业便十分发达。在商代早期的遗址中，出土的动物骨骼以猪骨为多，河南郑州二里岗遗址出土的三万多块骨料中，最多的便是猪骨。在甲骨文中，猪一般称为豕，小猪称为豚。商代的猪有黑和白二色。祭祀时，用猪的数量少则一两头，多则上百头。[1]

在王室贵族飨宴或是祭祀的礼仪中，"二师兄"也是等级的标记之一。天子用九鼎八簋，簋中盛装黍稷，鼎中盛装"太牢"，有牛、羊、猪、鱼。士一般只用一鼎，盛小猪；特殊场合下用三鼎二簋，盛装猪、鱼和腊。这便是著名的"列鼎而食"。[2]

春秋战国时期，养猪由贵族率先发展，并逐渐遍及各地。中国最早的诗歌总集《诗经》记载了在重要活动中杀猪为宴席锦上添花，比如《大雅·公刘》中写道："执豕于牢，酌之用匏。食之饮之，君之宗之。"意思是从猪圈里面抓出猪杀掉做成美食，用葫芦制成的瓢盛满美酒，大家快活地喝酒吃肉，推选公刘为领袖。

猪成为贵重礼品。《论语·阳货》中写道："阳货欲见孔子，孔子不见，归孔子豚。"意思是阳货想见孔子，上门时带了蒸熟的小猪作为礼物送给孔子。

名人也纷纷为"二师兄"站台。孟子是养猪业不折不扣的倡导者："五母鸡，二母彘，无失其时，老者足以无失肉矣。"在孟子心中，养五只母鸡、两头猪，家里老人便有足够的肉吃了，子女也算尽到了孝心。忆起孟母三迁，母慈子孝的美好画面立马跃入眼帘。

---

[1] 李学勤、郭志坤主编《细讲中国历史丛书》，上海人民出版社，2015，第1208-1209页。

[2] 李学勤、郭志坤主编《细讲中国历史丛书》，上海人民出版社，2015，第2006页。

"卖萌"的"二师兄"（袁小娟　摄）

秦汉时期，养猪已极为普遍。汉代开始出现规模比较大的养猪场，有公办的，也有私营的。当年，许多著名人物都养过猪。东汉光武帝刘秀的马皇后娘家兄弟五人都经营养猪业。当时流传着这样的民谣："苑中三公，门下二卿，五门嚄嚄，但闻猪声。"西汉汉景帝非常爱吃猪肉，汉代墓葬的习俗是"事死如事生"。于是，墓葬里摆放了各式各样的猪陶俑。汉代丞相公孙弘曾"牧豕海上"，40岁时才被举荐为官。

名将张飞便是养猪行业的"超级明星"。据说中国的杀猪匠供奉的祖师爷便是他，罗贯中在《三国演义》中称他为"涿郡屠夫"。

西汉成帝时期，诞生了中国现存第一部完整的农业和畜牧业著作《氾胜之书》，书中记载了利用瓠瓢养猪。后魏贾思勰在《齐民要术》中更详细地给出了"养猪守则"："春夏草生，随时放牧，糟糠之属，当日别与；八九十月放而不饲，所有糟糠则畜待穷冬初春。""猪性甚便水生之草，耙耧水草近岸，猪食之皆肥。"

据说，汉代养猪还具有十分重要的军事意义——猪油属于军用物资。汉代培育的猪种是脂肪型，也就是肥肉比较多。据说，易燃烧的猪油为三国鼎立默默立下了功劳。赤壁大战中"借东风"的故事千古流传，彝陵之战东吴陆逊率军用火攻击退刘备70万蜀军。这两场战争中，火攻的燃料是关键。当时火攻的燃料是木炭、硫黄和麻油、猪膏（即猪油），猪油必须是不饱和脂肪酸丰富，才能一点就着。

唐宋时代 猪的花样年华

说到唐宋，猪肉菜式简直让人眼花缭乱。人们把对锦绣文章的推敲之极致也用在对猪肉的创作上。

唐朝的官家和私人都投资养猪，生猪产业兴旺发达，仅长安司农寺（相当于农业农村部）就有"官豕三千"，民间养殖业发展更是欣欣向荣。杜甫居住四川时发现"家家养乌鬼"，据说四川称用作祭神的猪为乌鬼，由此可见养猪在民间的繁盛。据《唐六典》记载，朝廷发给官员的俸禄还包含猪肉，数量随品级而定，亲王每月有"猪肉六十斤"。

唐代人口比较多的大户，一般家中养数头甚至几十头猪。《法苑珠林》记载有一个姓卫的大户："家中数十豚，每客来，杀之食尽。"可谓阔气加豪气。

屠宰业也相应地获得了巨大发展。据《唐会要》记载，单是长安一地，便有屠夫 700 余人。

此时，人们欣赏的是肥美的猪。隋唐时期出土的猪的雕塑和陶器，刻意塑造了中国本土母猪丰满的乳房。当时也流传着一句民谣："鸡猪鱼蒜，逢着便吃。"说明了吃猪肉已风靡一时。

宋朝人更是猪肉彻头彻尾的"粉丝"。孟元老写的《东京梦华录》中，在北宋京都汴梁，每天傍晚，十几个人赶着数万头猪从南薰门浩浩荡荡、秩序井然地入城，供给肉行。京都有条街便叫杀猪巷——估计是一条专业提供杀猪一条龙服务的巷子。每日清晨，作坊便已杀好猪，上百人或推车或挑着猪肉去集市售卖。

南宋吴自牧写的《梦粱录》中记载道："坝北修义坊，名曰肉市，巷内两街，皆是屠宰之家，每日不下宰数百口。"翻译过来就是：修义坊肉市的巷子里都是做屠宰生意的，每天要宰杀几百口猪。可见人间烟火的美

东坡肉成为南北餐桌上的一道名菜（袁小娟　摄）

丽需要喷香的猪肉来烘托。

后来，人们还在北宋著名画家张择端绘制的《清明上河图》上看到繁华的街道上有几头猪在悠闲地漫步，淋漓尽致地展示了城市养猪的潮范儿。

北宋诗人苏东坡"发明"了至今让人垂涎三尺的东坡肉。据说是当年猪多肉贱，才创作出了这一名菜，引领了吃猪肉新风尚。

北宋的肉行也因此极为专业。"坊巷桥市，皆有肉案，列三五人操刀，生熟肉从便索唤，阔切、片批、细抹、顿刀之类。"看吧，生肉熟肉任君选择，切片，切丝，剁肉末……都有人代劳，服务贴心得很。

吃的花样百出。夜市人声鼎沸，香气四溢，吃喝持续到三更半夜。有爆炒猪肉、猪肉包子、烧肉干脯、旋炙猪皮肉、猪胰胡饼、膘皮①、猪内脏

---

① （宋）周密、（明）朱廷焕：《武林旧事》，中州古籍出版社，2019，第242页。

制作的菜……人们吃得非常精细。《岁时广记》曾描绘了类似现在猪肉皮冻的做法：寒食煮豚肉，并汁露顿，候其冻取之①。有些店面挂了半扇新鲜猪肉作广告招揽生意，一碗面的臊子分为精肉（瘦肉）臊子和肥肉臊子，还可以要半份。

过节，猪肉也少不了。八月秋社，家家户户都要制作"社饭"，猪肉和肚脏切片，与羊肉、腰子、鸭饼和瓜姜等一起，加上调料和匀，蒸熟后铺在饭上。

大家最为熟悉的宋朝屠宰明星出现了——被鲁提辖拳打的镇关西。从鲁提辖对切肉的要求可知，当时肉市行业提供的服务是相当不错的。

猪肉的精品吃法，被这两个朝代的人们发挥得淋漓尽致。

"科学"养猪　明清做起

积累了千年经验，明清时期，养猪变得更"科学"了。人们总结了不少经验教训，初步探索猪的品种改良，出现了很多优质肉猪品种，猪饲料的选配也更加科学。

明代徐光启的《农政全书》和清代张宗法的《三农纪》著作中，更清楚地表述了猪的外形选择和机能的关系。如：喙褊短、鼻孔大、耳根稳、背腰长尾垂直、四蹄齐；毛稀者易养，气膛大多食难饱，耳根软不易肥，生柔毛久难长；等等。

这时，农村几乎家家养猪，过年"杀年猪"成了风俗。

与此同时，明清时期由于榨油坊的普及，食用油走向大众市场。铁锅也开始普及，炒菜这门烹饪技艺在民间迅速普及与发展。猪肉这样的食

---

① （宋）周密、（明）朱廷焕：《武林旧事》，中州古籍出版社，2019，第93页。

可爱的猪玩偶（袁小娟 摄）

材，通过油与锅，在短短几十秒的烹制过程中，出现了更多的花样。猪肉因用得最多，被称为"广大教主"。清代袁枚甚至在著名的《随园食单》中专列了猪肉菜系的"特牲单"。

改革开放以后，中国人的生活水平进一步提高，寻求吃得更精细。膘肥体壮的猪逐渐失宠，瘦肉型猪越来越受欢迎。2009 年，中国全面而系统地开展瘦肉型猪选育。

种猪选育技术也从最开始的"伯乐相马"式地看体形外貌，发展为量化选猪。2017 年，国家层面开始推进基因组选择技术的应用。据说，这种"马车换高铁"的操作，在未来，随着育种技术的不断突破，独家定制一个脚踏七色祥云而来的"二师兄"，不再是遥远的梦。

"猪猪女孩"　现代圈粉走一波

在中国人的世界里，猪的标签绝不是简单的懒和馋——"过着猪八戒的生活，却想要悟空的身材"。

如今，"二师兄"圈粉了许多 90 后和 00 后。流行多年的网红词"猪猪女孩"，是这些中国女孩为自己有点懒又有点胖却总是在美食和节食上坚定站队美食找的"可爱护身符"。

侗族盛装女子（杨昌鼎 摄）

猪价上涨牵动人心。有时，中国人调侃暴富的梗从"你家有矿吗？"变成"难道你家有猪？"。

商场里随处可见卡通猪抱枕、猪挂件。没有"二师兄"的商场，是寂寞的。

除了可爱的家猪，在中国，洒脱不羁的野猪也被列为"三有"保护动物——有重要生态价值、有社会价值、有科学研究价值的野生动物。

然而，在国外，多的是二师兄后裔"快意江湖"的新闻——国外野猪成灾，农场主甚至开直升机扫射。据说有些野猪是家猪从养殖场逃离后，变得"野"起来的。

神奇的是，那些在荒野求生的家猪，嘴会因为不断拱寻食物而从弯曲变得如铁锨般直。那是修成野猪的标志。

在美国，据说曾有多达 900 万头野猪活跃在 39 个州，其中得克萨斯州以 260 万头位居榜首。这些野猪多半属于现代野猪，体重可达上百公斤，最重的能够达到四五百公斤，被称为"猪拉斯"。别看体形庞大，这些野猪奔跑最高速度可达每小时 40 公里，跳高可达 1.5 米。战斗力极强，繁殖能力一流。母猪在出生 6～8 个月后便可孕育下一代。在接下来的时光里，猪妈妈每年能产 2 窝以上的仔猪。

有趣的是，这些满山风一样乱跑的、平直的长嘴铁锨般乱拱的现代野猪并不是现代家猪的祖先，现代家猪的祖先是古代野猪。古代野猪曾分布于全球各地，经人类长期驯化才形成了现代家猪。

中国的现代野猪主要活跃在大兴安岭、长白山区、黄土高原、西南地区以及华中、华南丘陵地区。二师兄的中国后裔身上流淌了 6～8 个野猪亚种的血统。几千年来，作为世界最大的猪肉消费国，中国人在驯养野猪的历程中，精心培育出许多品质优良、独具特色的家猪品种。

专家们根据各地猪种的生产性能、体形外貌特征、分布和饲养管理特点以及当地的生产情况、自然条件和移民等社会因素，将中国的地方猪种分为华北、华南、华中、江海、西南及高原 6 种类型。

太湖猪以繁殖力强闻名于世；金华猪和乌金猪是腌制著名的金华火腿和云腿的原料猪种；荣昌猪的鬃毛长且洁白亮泽，蜚声国际；香猪是中国特有的小型猪种，适合做香喷喷的烤猪。

为神做仙　曾经神圣

在中国历史上，"二师兄"自带神圣的光环。

在我国古代的五行观念里，猪是主管北方的神兽。出土距今 5000 多年前的红山玉猪龙，被认为是中国龙的最早雏形。古人认为，猪作为神圣之物，可以镇妖息怪，招福致祥。[1] 因猪天生就会游泳，民间自古就有"猪浮黄河牛浮海"的说法，民间还把猪看作云雨之神，认为猪能够预兆雨水。

在久远时代，二师兄曾经在大禹治水的传说中出现。在东晋王嘉的《拾遗记》中，伴随大禹凿黄河龙门的两大功臣中，便有一猪形神兽。

据说大禹凿龙门，到一个幽暗难行的洞时，执火把前行，见一头长得像猪的神兽嘴衔夜明珠照亮，一条黑狗在前狂吠开道。走了约十里，大禹已经分不清白天黑夜，但觉得天渐渐亮了，看见之前的猪和狗都变成人形，穿着黑衣。

《山海经》中，"二师兄"的神奇踪迹更是比比皆是。

《山海经》中有古代人最喜闻乐见的瑞兽当康，它外形像猪。相传即将丰收的时候，当康会一边跳着舞，一边叫着自己的名字出现。它还会用獠牙松动泥土。还有一种叫山膏的猪形兽，浑身红得像火，特别爱骂人。

徐显之在《山海经探源》一书中写道："在《北次山经》中所述共 46 个山，其中有 20 个山的山民崇拜马，另外 26 个山崇拜猪。"

《山海经》中，北方十座山神也是猪的身子佩戴着玉器。

佩戴猪相关的饰物，一度是勇猛的象征。《史记·仲尼弟子列传》中记载："子路性鄙，好勇力，志伉直，冠雄鸡，佩豭豚，陵暴孔子。"意思

① 李世化、尤文宪、罗栖等：《中华文化公开课》，当代世界出版社，2021，第8963页。

是：子路性情粗朴，喜欢逞勇斗力，志气刚强，性格直爽，头戴雄鸡式的帽子，佩戴着公猪皮装饰的宝剑，曾经欺凌孔子。公猪皮在此显然是为了炫耀武力。

洛阳汉墓内壁上画了一个猪头怪人，据说是《周礼·夏官》中驱疫避邪的神方相氏。

传说祠山大帝汉代张渤在治水时会化为一头大猪，拱土开渠，导水疏淤。夫人李氏每天给他送饭，约定敲鼓为号。听到鼓声，他就化回人身。有一次李氏忘了敲鼓，发现张渤是一头大猪，很是恐惧。于是，张渤便化成一阵清风隐去了。人们为了纪念张渤的功绩，为他立了神位，建了祠山庙敬奉。

因对猪非常崇拜，西汉末年的王莽把他的精锐部队取名为"猪突勇"，意思是像野猪般勇猛。魏晋南北朝时期，有人把战舰命名为"野猪"，借喻勇猛和必胜。

据宋人的笔记选录，宋太祖赵匡胤曾亲自在宫中养两头神猪，敬奉它们以祈求太平、厌胜避邪。唐代房千里的《投荒杂录》中说雷公是"豕首鳞身"。

养猪业多以马氏娘娘为守护猪的神灵，在四川很多地方也有以四官菩萨为养猪保护神的。四官菩萨原为财神，但由于养猪业在四川农业经济中的地位举足轻重，许多家庭靠养猪卖猪来维持生计，四川东部地区的贩猪行业把四官菩萨、朱氏夫人、康氏夫人三位神尊都敬为祖师，以保佑六畜兴旺、生意兴隆。①

---

① 李世化、尤文宪、罗栖等：《中华文化公开课》，当代世界出版社，2021，第8963-8966页。

第二章
『二师兄』的贵州山寨生活

袁小娟

"二师兄"一向爱美，爱世俗的享乐。

贵州的美，带着重重叠叠大山的孤傲，奇秀卓然。贵州的美，蕴藏着源远流长的历史。流浪地球最古老的"日记"保存在这里。

这里记录着 6.3 亿年前，蘑菇、酵母和青霉等真菌生物的祖先从海洋"爬"上陆地的那些日子——这里有迄今世界上发现得最早的陆生真菌类化石。这里曾生活着地球最古老的生物群，距今 5.8 亿年。

2 亿多年前，贵州大部分地区依然是汪洋大海。贵州龙游弋的浩瀚史前海洋，一直延伸到现在的欧洲和北美。大约 1.8 亿年前，地壳上升，河流下切，山地、丘陵、河谷、坝子在这片广袤的土地纵横交错。如今，这片高海拔、低纬度、云雾缭绕的土地上，连绵起伏的山丘立于苍穹之下，葱茏的植物长于深深浅浅的地表，千姿百态的钟乳石藏于喀斯特"地下宫殿"中，集天上地下雄奇婉丽于一身。

距今 24 万—5 万年，古人类活跃在贵州黔西观音洞。普定穿洞被称为"亚洲文明之灯"，当年出土骨器的数量和品种之多，震惊了世界考古界。

大山，挡住了外界的纷纷扰扰。别人眼中的"流放之地"，在北宋大文豪黄庭坚眼中却是另一番风光："黔中桃李可寻芳，摘茶人自忙。月团犀腌斗圆方。研膏入焙香。青箬裹，绛纱囊。品高闻外江。酒阑传碗舞红裳。都濡春味长。"（《阮郎归·黔中桃李可寻芳》）

水塘稻田模型，兴义万屯汉墓群出土（袁小娟　摄）

　　沉迷于世俗生活的"二师兄"落脚在此，是有独到的眼光的。

　　风光绮丽的贵州也是美食天堂。司马迁在《史记》中曾记载这里有"耕田聚邑"的农业经济，有"随畜迁徙地方数千里"的游牧经济，有"或土著或迁徙"的半农半牧经济。贵州一向被有些农学家视为水稻的起源地之一。[1]1995 年，考古工作者曾在威宁中水发掘过距今 3100 年前的大量碳化稻谷。[2] 黔中无闲草，大山天然物产丰富，是国内有名的"中药材宝库"，道地中药材主产区，"二师兄"随处都能饮到山泉水和"进补"珍稀草药。

① 李昆声：《亚洲稻作文化的起源》，《社会科学战线》1984年第4期。
② 史继忠：《夜郎之谜》，贵州民族出版社，2012，第18页。

　　若按一般衡量标准，二师兄论本事不如大师兄悟空，论勤劳不如沙师弟，地位尴尬着呢。但在贵州，"二师兄"可不用操心这些。

　　在中华人民共和国成立以前，很长一段时间内，黔山秀水一直施行土流并治。如今岿然屹立的世界遗产海龙屯即是土司制度的实物见证。这种一定程度上远离朝堂的自在，完美释放了浪漫天性，肯定是"二师兄"心中所盼。

　　远在山中的贵州是个特立独行、宽容度很高的地方。

　　当年，王阳明到贵州后不久，贵州宣慰使、彝族土司安贵荣请求他为当地"苗夷"新建的象祠写篇文章。王阳明去象祠被吓了一大跳。象是中国上古时期大圣贤舜的弟弟，在历史上算是个著名大反派。象在司马迁的《史记》中，是一个善妒、恶毒、狡诈、凶狠的人，因屡次想方设法谋害兄长而臭名远扬。贵州为什么要为这样的反派建祠堂呢？王阳明苦苦思索，后来想通了。贵州人觉得有舜这样好的哥哥，象一定会受到感化而改邪归正。据说，这促使了王阳明认识到"人人皆有良知"，从而创立了"致良知"学说，最后构建成"心学"这一影响深远的学问体系。[①]

　　"二师兄"浪漫的天性在此挥洒自如。封建王朝统治时期，贵州曾实行过民族隔离政策，不允许当地少数民族与汉族往来。朝廷设了兵营封锁交通。然而，冰冷的石墙不能阻挡爱，高高的碉楼封锁不了爱。那些从江南来的士兵娶了当地少数民族女子为妻，一代一代，入乡随俗，渐渐变成了少数民族的一员。

　　爱，在这里焕发磅礴的力量。

　　这样的地方，"二师兄"肯定是最欢喜的。

---

① 史继忠：《夜郎之谜》，贵州民族出版社，2012，第2-3页。

历史久远　又帅又鲜又特别

早在旧石器时期，"二师兄"便来到了贵州黔西观音洞。这个与北京周口店文化鼎立的中国旧石器文化遗址上有猪的化石。

考古工作者还曾在贵阳乌当区马鞍山、南明区二戈寨和花溪区鸡窝冲等地方采集到猪的化石。

从距今 4 万年延续至 2000 年前的贵安招果洞遗址是贵州史前考古中，年代序列最为完整的遗址，也是云贵高原，乃至全国极为少见的遗址。考古队在探究古人类活动的遗迹中发现并整理出"肉类菜单"，其中，猪排名第三。

距今约 6500 年，在黔西南布依族苗族自治州贞丰县境内的陡峭崖壁上，人们用巨大的赭红色符号描摹出生活场景，里面便有猪的踪迹。

贵州汉代古墓，出土过不少陶猪。那些楼上住人、楼下养家畜的干栏式建筑模型，记载了快乐富足的乡村生活。黔西东汉中晚期墓出土的黑陶猪，体形较小，丰满圆润，嘴尖而短，阴线刻出鬃毛，近似脂肪型。赫章县可乐乡出土过西汉末年的栏式陶猪圈。

这些都展示了猪在贵州生活的久远。

养殖业是贵州农耕生产的必要补充，是红红火火好日子的体现。兴起与发展，在贵州少数民族口述资料中被描绘得多姿多彩，淋漓尽致地展现了"二师兄"的帅气。

仡佬族古歌这样记载："是谁开头养家鸡？始祖开头养家鸡。原来鸡在高坡上，鸡在荒野里。它挡不住风，它挡不住雨。它飞进刺蓬中，它飞到树丛里。祖先去讨猪草，它飞进祖先背篼。"从猪草一词，我们知道仡佬族在养鸡前就已经开始养猪。

↑ 东汉陶猪，1972年出土于黔西罗布夸墓葬（应腾 摄）
↗ 东汉房屋模型，赫章可乐出土（袁小娟 摄）
↓ 东汉房屋模型，兴仁交乐出土（袁小娟 摄）

　　水族民间故事"阿格赶兽"讲述了先民驯养各种家畜的故事。狗不能拉犁，只能为人守家防盗；马则驮人赶场；猪留下来，逢年过节杀了熬油吃。

　　彝族创世史诗《勒俄特依》记载：一天，圆蹄来渡江，三百母马带了来，三百小马被留下。一天，偶蹄来渡江，带来三百母绵羊，留下了三百小

黔东南从江占里侗寨祭祀时
用猪头（袁小娟　摄）

绵羊；带来了三百母山羊，留下了三百小山羊；带来了三百头母猪，留下了三百头小猪。一天，翅类来渡江，三百母鸡带了来，三百小鸡被留下。禽兽一起渡了江。

这段记载说明：在彝族先民迁徙的过程中，畜牧业扮演着非常重要的角色，猪也很早就融入了人类生活。[1]

贵州世居少数民族给这片天空带来了富有差异性的民族文化传统以及饮食文化和仪式仪礼等。在养猪上，这些风土人情使得贵州孕育出了中国最丰富的地方猪种之一，成为国内猪种资源中宝贵的基因库。

贵州"二师兄"的特别之处来源于历史的悠远。贵州聚居的少数民族一部分是由长期居住在贵州地区的濮、越和蛮等古代族群发展形成，另一些民族则是后来在长期的民族迁徙、融合中，逐渐迁入贵州定居下来的。[2]汉代唐蒙通夜郎后，随着郡县制的渐次推行，汉族移民开始大批迁入，屯田垦殖。汉族移民的大量迁入和少数民族的频繁迁徙，为贵州境内民族的经济文化交流提供了良好的条件。

每次迁入贵州，人们常常带着祖居地饲养的各种猪一同前往。外地的猪品种独立发展或与本地猪品种进行"基因交流"，形成了贵州多样化的地方猪品种。

---

[1] 何善蒙主编《贵州黔东南侗族文化调查研究》，九州出版社，2018，第26-27页。

[2] 范同寿：《贵州简史》，贵州人民出版社，1991，第10页。

贵阳乌当王岗村杀猪饭前也有仪式（杨昌鼎　摄）

　　万重大山的地形地貌阻隔了交通，猪种资源常常仅限于小区域内流动，形成封闭和半封闭的繁育状态，品种的遗传性状相对稳定，成就了各具特征的、宝贵的地方猪种遗传资源，塑造出了贵州"二师兄"又鲜又帅又特别的个性。

　　《中国畜禽遗传资源志·猪志》共收录地方猪品种 76 个，培育品种 18 个，引入品种 6 个。国家畜禽遗传资源品种名录（2021 年版）中，地方猪品种 83 个，培育猪品种 25 个，培育的猪配套系 14 个，引入猪品种 6 个，其中贵州有 7 个猪品种（香猪、可乐猪、关岭猪、黔北黑猪、白洗猪、黔东花猪、江口萝卜猪）上榜，此外还有紫云花猪、黔南黑猪、糯谷猪、乍勒黑猪等。

　　香猪是中国最为原始的地方猪品种之一，贵州从江香猪更是大名鼎鼎。产区内居住的苗族、侗族、壮族、瑶族和水族等少数民族，有宰食仔猪的习惯，特别是亲友来访时，常宰杀仔猪招待客人，还喜欢用仔猪作为

采山珍配猪肉，鲜香够味（杨昌鼎 摄）

互相赠送的礼品。再加上居住分散，访亲串友和逢场赶集来往羊肠小道，全靠肩挑背驮，只有饲养小型的猪才更适配"好日子"。经历了几百年的自然和人工选择，贵州从江香猪具有近亲交配而不退化的特点，群体的基因高度纯合，是极其宝贵的猪品种资源。1993 年，从江香猪被农业部[①] 列为国家二级保护畜种。1995 年，从江县被命名为"中国香猪之乡"。2000 年，农业部将从江香猪列入国家畜禽品种资源保护名录。2006 年，农业部又将从江香猪列入国家级畜禽遗传资源保护名录。

可乐猪的养殖历史可追溯到西汉末。赫章县可乐彝族苗族乡曾出土西汉末年的栏式猪圈，黔西县也曾出土汉代"陶猪"，嘴上有明显的特征"三道箍"。据《华阳国志》记载，远在汉代时，彝族先民便"牧猪于此"。明清时期，赫章的可乐地区和威宁的法定地区都是著名的猪只集散市场。

① 2018年3月，农业部整合为中华人民共和国农业农村部，简称农业农村部。

少数民族服饰展现了贵州的多彩（吴蔚　摄）

人们多半以喂养母猪和繁殖出售仔猪作为家庭收入来源，猪贩大量收购可乐猪，运到云南宣威一带，经短期育肥后将其臀腿部加工腌制成著名的宣威火腿（又称云腿），故有"宣威火腿威宁猪"之说（1942年以前，赫章属威宁县管辖）。

黔北黑猪产区内，汉族、仡佬族、土家族、苗族等民族有杀年猪炼油和腌制腊肉的习惯，常常选择"油多易肥"的猪作为种用。

饲养宗地花猪至今已有百余年历史。当地群众习惯养猪积肥，用农副产品喂养母猪，仔猪及肥猪出售成为家庭经济收入的重要来源。逢年过节、婚丧嫁娶时也多习惯宰猪待客。

黔南黑猪的历史有多长已无从考证。当地人喜欢养殖黑猪售卖以补贴家用，除了每逢佳节杀猪待客的习俗，据说当地群众认为饲养黑猪可以带来吉利，招待客人和祭祖时选用黑猪代表了对客人和祖先的尊重。尤其是对于当地水族群众来说，无论婚丧嫁娶、祭祖祭神，都必须使用黑猪，忌讳用白色畜禽待客、祭祀。

纳雍糯谷猪属于"跑山猪"。当地人喜欢放牧饲养，猪们"爬山越岭，饮甘泉，吃百草，顺天道而生长"，因此肉质好，用来制腌肉更是一绝。

据说在清朝顺治年间就开始饲养乍勒黑猪了。当地人喜欢以饲养母猪、繁殖仔猪出售为主要副业，逢年过节、红白喜事时，宰猪请客、送礼是传统习俗。

贵州不同的风情风俗养成了不同风格的"二师兄"，又鲜又帅又特别。

可能让很多人意想不到的是，贵州的"二师兄"还曾经在出口上风光无限。1941 年以后，贵州省猪鬃出口量增长很快。据统计，抗日战争时期，贵州省每年出口的猪鬃有 2000 市担（1 市担等于 100 斤），可以换取相当价值的外汇。[1]

从家到野 豪气逼人大王范儿

在贵州，"二师兄"带着特别的"多彩贵州风"，山林里呼啸着勇猛的山寨风。

苗族古歌《枫木歌》多处唱到了野猪大力士。《枫木歌》叙述开天辟地之初，万物物种都放在开神劳公公的仓库里，长手婆婆手抓天门舂碓，震动天门掉下天火，烧毁劳公公的仓库，万物物种从天上下到人间，野猪大力士用嘴拱开泥土，天上的种子得以生根发芽。不久，枫树长成参天巨树，男女青年在树下游方，鸟儿在树上筑巢。[2]

---

① 张云峰：《吴鼎昌主政贵州研究》，知识产权出版社，2015，第542-543页。

② 龙仙艳：《文本与唱本：苗族古歌的文学人类学研究》，社会科学文献出版社，2018，第361-362页。

苗寨蜡染作品上的"二师兄"（袁小娟　摄）

苗族古歌里随处赞叹道："一个好汉大野猪""野猪有把好锄头，有把好锄来薅草""野猪是个大力汉，力大赛过水牯牛"……①

在侗族古歌《猪之原》中，"二师兄"的模样是"嘴有臂长，蹄有碗口粗"。嘴部比家猪长是野猪体形的显著特征。显然，当时侗族先民饲养的猪尚处在驯化阶段。②

黔东南清水江畔流传着追野猪的故事。住在山里的苗人有一次狩猎，打伤了一头几百斤的大野猪，他们追了好几天。最后一天，他们追逐这只野猪来到了清水江边，人与猪都已经筋疲力尽。江岸上是拿着武器的一群猎人，野猪由陆路逃遁已无可能，为了活命只有冒险渡江。而高山的猎人不习水性，只能站在岸边急得直跺脚、干吆喝。江边苗族人立刻跃入清水江去捉拿野猪。也许这几天猪太累了，最后还是被江边人抓住了脚，死劲往江底拉。野猪闭气呛水过多而死，"水上高手"带着胜利的喜悦，推拉

① 贵州省少数民族古籍整理出版社办公室编《苗族古歌：苗族史诗》，中国国际广播出版社，2016，第174页，第491页。

② 龙运荣：《嬗变与重构：新媒体语境下侗族传统文化的现代性变迁研究》，中国社会科学出版社，2015，第138页。

贵州黄平泥哨十二生肖中，猪尤为可爱（袁小娟　摄）

着野猪上了岸。①

　　20世纪80～90年代，在贵州大山深处的某些地方，猎获野猪仍然是生活方式的延续。从江县月亮山麓林海中的岜沙苗族被称为"阳光下最后一个枪手部落"，他们保持着狩猎的传统。生活在繁茂森林中的岜沙男人们头顶挽发髻，身着无领右开衫铜扣青布衣、直筒裤、青布裹，常年身挎腰刀，肩扛火枪，赤脚上山打猎、下河打鱼。据说在20世纪60年

① 刘锋、靳志华、徐英迪等：《地方文化资源与乡村社会治理：以贵州清水江流域苗族为例》，社会科学文献出版社，2018，第43-44页。

年身挎腰刀，肩扛火枪，赤脚上山打猎、下河打鱼。据说在20世纪60年代，岜沙的山林里还有许多野猪，每年可猎到十几头，90年代以后再也没人见过野猪，但人们还是依照传统习俗扛枪狩猎。

在贵州许多少数民族的生活中，每到秋冬季节，寨子里的猎手们常邀约着，携带火枪，引着猎狗，进山打猎。20世纪60年代，刘方之老师在瑶山地区考察，那里住着白裤瑶民，成年男性头挽椎髻，紧腿箭袖，光脚肩扛火枪，身背"捞交"（盛猎物的网袋），腰挎牛角、小竹篓，竹篓内盛火药和铁砂。当地的打山习俗是一旦发现野猪马上一传十、十传百，吆喝全寨瑶民出寨追赶。山道上密布乱石和荆棘，山民光脚奔跑而如履平地。

大家追着狂奔的野猪跑。沿途村寨的村民闻讯马上呼朋引伴，牵引猎犬，扛上枪加入进来。这是个贵州山寨里的大型运动会。几百斤的野猪被人群追赶得精疲力竭，倒在地上口吐白沫。大家围上前去，分工合作。有些村民将野猪开膛破肚，按人和狗的数量平均分配，那些临时参与的村民也能分到野猪肉，大家满意而归。这就是山寨的规矩——"进山打猎，见者有份"①。

打猎之前，常常需要祈祷。贵州的侗族在《打猎敬神词》中唱道："敬请土地诸神，狠扇红野猪的耳光，使它变聋，不能钻山。狠拍黑野猪的眼睛，使它变瞎，停留原地，让我们一瞄就准，一射就中。"②

"二师兄"的"山野王者"风范至今在贵州的一些寨子还能看到。比如在雷山，庆祝苗年时仍然保留了万人期待的激烈赛事——斗猪。

没有一只猪在雷山甘于平庸，都想做一只特立独行的斗猪。

在雷山，猪，不是在圈里只会哼哼、躺平着静候命运到来的传统形

---

① 刘方之：《人文夜郎》，贵州人民出版社，2010，第4页。

② 刘方之：《人文夜郎》，贵州人民出版社，2010，第7页。

象，而是武力值爆表、受人类追捧的英雄。大概只有在这里，"二师兄"才有王者般的荣耀。

人类山呼海啸，摇旗呐喊。

斗猪赛事以强悍、血腥、残酷出名，见证过的人甚至用"天蓬元帅下凡"来形容"参赛选手"。有时，一场持续两天的比赛集中了各村各寨的100多头斗猪，不乏曾参加十多场比赛而无败绩的"战神猪"。

"英雄"出征，"美女"送行，是套路，也是千百年的最佳剧情。

最先出场的是争奇斗艳的母猪秀。母猪的脖子上系了红花，或者尾巴上绑了红蝴蝶结，随主人骄傲地进场。它们的美貌和智慧，全靠主人们的脱口秀。

这些原本养在各个寨子"深闺"猪不识的"佳丽"选美获胜后，在一旁期盼着"王"的诞生。

斗猪们一见如此高颜值的啦啦队，更为兴奋。人类早已窥探出二师兄后裔们的心境，但凡旁边有"美女"，两头斗猪就会拼得你死我活。话说比武中，一寸短一寸险。猪靠的是近身肉搏，凶猛撕拽、轰然撞击，或者互咬耳朵。爆发力匹配精准撞击，肋骨撞断，倒地，认输。

每个回合都紧扣心弦。人群。尖叫。尖叫。

斗猪的嚎叫声直穿云霄，血翻涌出来，白沫横飞，人类都深深战栗。男人们高声叫好，或者大声叹息。胆大的女人们也常常赶紧闭上眼睛，连连感叹"太残酷了"。若你胆小，最好用耳塞。

在《西游记》中，二师兄是一个见好就收、认怂最快的家伙。二师兄的后裔们也一样。斗猪比赛中极少会有一方不死不休、战死沙场的情况，战败那方落荒而逃，毫不恋战。

本地人乐在其中。有些人甚至从猪们打斗时不停的哼哼声里，准确翻译出飚的脏话。

　　获"猪王"的斗猪走上猪生巅峰，主人也因此获得一笔奖金。"猪王"在众人众猪的羡慕中，"迎娶"此次的选美皇后，还有无数"佳丽"在等它……最强壮的基因需要在这片土地上延续下去。

　　它们仿佛在某天如同脚踩祥云，在一生的舞台上尽情重现"天蓬元帅"昔日统兵天河的神采。

　　这样豪气逼人的贵州"二师兄"，你爱了吗？

黔东南台江姊妹节（吴蔚　摄）

第三章

『二师兄』赶上现代化　过上幸福田园生活

张文莉

在不少贵州山里人的记忆中，村里家家户户都曾是"动物园"。猪扇着耳朵哼哼唧唧，鸡鸭扑棱着翅膀，牛边走边慢慢嚼着草……孩子们嘻嘻哈哈在后面追着，或者骑在牛背上。

树木苍翠，野花烂漫，远山如黛。

那是一家人勤劳富足的象征、幸福生活的保障，也是无数贵州山里人的乡愁。

田园山居配上现代化的设施，才是向往的生活。二者缺一不可。

如今，"二师兄"在贵州的青山绿水中也赶上了现代化发展潮流，住上"精装修"小区，智能化设施伺候吃吃喝喝，获得更精细的照顾。

在不少外地投资人眼里，贵州地形多山、海拔较高，一些地方全年的温度更是稳定在30℃以下，优越的自然环境和得天独厚的高海拔自然屏障有利于增强"二师兄"对令业界头痛的各种疾病的抵抗力。这里非常适合"二师兄"的事业走上巅峰。

贵州为此成立了省领导"挂帅"的生猪产业发展领导小组，以加快推动产业发展。这几年，贵州为"二师兄"享受更多的新鲜营养饲料，加快了饲料基地建设，推进楼房养猪，创建非洲猪瘟无疫小区，加强兽医卫生事业建设……

显然，"二师兄"在贵州过着幸福生活……

贵州富之源集团楼房养猪场（贵州富之源集团　提供）

住：楼房密布科技

　　为了节约用地，楼房养猪场逐渐在贵州各地落户。

　　在修文县谷堡镇大山深处的"别墅"里，"二师兄"正在高楼里，躺在温度适宜的床上吹着空调、聊着天，也许在说"天热天冷都要注意养生，喝温水"。空气、水、饲料进出等全部设有独立管道，自动喂食、降温消毒，避免人、猪、料层间交叉带来感染。

　　"二师兄"上下楼，乘坐的是电梯。

　　以前养殖 30000 头"二师兄"需要三四十人，而在楼房养猪场模式下，最多只需要一半的人。这在一定程度上缓解了越来越紧张的土地资源。饲养同样数量的猪，楼房养猪场用地可以缩减为传统平层养猪场的十分之一。

贵州不少楼房养猪场配备上了自动喂食器（张文莉　摄）

在兴义市白碗窑镇岔米村，"二师兄"住楼房，呼吸净化过的空气，吃着高温灭菌的饲料，享受着 AI 监控服务和智能环控的环境。

六七层高的楼里，每个房间都有独立的智能化通风系统，温度、湿度皆可控制。独立的智能化通风系统能有效防止病毒在楼层之间传播。全封闭式的分区管理，能够确保"二师兄"完全隔离外来疫病，健健康康。智能化的湿度、温度、粉尘检测系统还为"二师兄"提供相对标准化的生长环境。

视频可视化等人工智能技术，能自动识别"二师兄"的品种、身高、体重等，并自动录入相关数据。管理人员随时在线查看不同生长阶段的"二师兄"的档案，观察情况，发现问题可及时提供帮助。

点粪成肥种养循环走出绿色致富路（张文莉　摄）

　　除此之外，楼房养猪场还可以为"二师兄"提供个性化、定制化的"菜谱"。

　　在这里，管理者只需要点击手中的按钮，便可根据每头能繁母猪的年龄、体重和受孕等情况，找到饲料配方、投喂量和投喂时间。而完成这整个过程，不超过一分钟。

　　有人打趣地说："想当初我坐月子的时候，环境都没这么好哩。"

　　至于猪倌们的日常工作，便是操控、维护电机设备运行，或者干点"智能化"代替不了的活儿，比如帮"二师兄""相亲"，给"二师兄"打疫苗，或者偶尔到"二师兄"群里"劝架"。

　　在贵州，不少养殖小区走上了多元化发展道路。防止养殖污染，不少企业充分利用"二师兄"的排泄物，通过密闭式发酵工艺加工成有机肥，集中用于周围的种植业，做到经济效益、社会效益和环境效益的有机结合。

　　近几年，非洲猪瘟及其他疫病已经成为中国当下养殖业头痛的大事，但"二师兄"在贵州住得很安心——贵州正在积极创建非洲猪瘟无疫小区。

要想拜见"二师兄",可不是那么容易的事。

非洲猪瘟无疫小区如同一个世外桃源。

远离村庄,连进出猪场的道路都不经过村庄。距小区1公里外便设有洗消中心,以对车辆和人员进行检测、消毒或隔离。

这种清洁的极致,简直让人想起了与黄公望、王蒙、吴镇合称"元四家"的倪瓒住所。

富之源贵阳综合保税区150万吨饲料原料集散及饲料加工中心(贵州富之源集团 提供)

作为元代南宗山水画的代表画家，倪瓒爱洁成癖，据说他家的厕所都是用香木搭好的空中楼阁，中间铺着洁白的鹅毛。院里的梧桐树，也需要每天早晚揩洗干净。

"二师兄"的世外桃源居所，在清洁程度上有过之而无不及。

不难看出，为了彻底阻断疫病传播，所有养殖小区的防护级别堪比军事基地。

养殖小区一共有三层防线。第一层是钢丝网围栏，防止野生动物闯入。第二层是实体围墙，把猪舍生产区全部围实，非员工不能随意进入。第三层是封闭式猪舍，只允许生产人员进入。饲养员吃住在厂区，若休假出去，返回厂区前都要先做非瘟病毒检测，隔离48小时后，洗澡、消毒、换工作服才能进。

也因此，到2022年，贵州连续3年未发生非洲猪瘟等重大动物疫情；5个非洲猪瘟无疫小区通过国家评估，通过数量为西南地区第1名，全国第9名；率先启动完成31个省级非洲猪瘟无疫小区创建。越来越多的生猪养殖企业修建起这样的"世外桃源居"。

吃：建好优质饲料厂

说到吃，贵州早已精心安排上。

在独山县下司镇的贵州日泉农牧有限公司的产业基地，一排高耸的原料塔，存储了玉米和豆粕等饲料。空气中弥漫着淡淡的粮食香味。

这个年产54万吨的饲料厂是目前西南地区产能最大的饲料生产基地，每天生产出的饲料从厂区分发到独山各处的日泉养猪场，而且可针对不同的生猪品种、类型和生长阶段等方面，专门配制不同的饲料，满足各个时期生猪的营养需求，保证其健康成长。

贵州积极开展非洲猪瘟疫情应急演练（张文莉 摄）

猪舍全部按照先进标准设计，采用自动化料线和饲料塔模式自动投料，猪舍内采用全自动智能温控系统，实现现代化、高效养殖。

以玉米和豆粕为主体的饲料原料加工成的饲料用于生猪养殖，养猪产生的污水和粪便通过处理后作为种植莲藕与果桑的肥料，实现了生态高效循环。

为了降低生猪养殖成本，为大家提供质优价美的肉食，贵州采取了从饲养源头降低成本的策略。

2019 年，在贵州省生猪产业发展工作专班的指导下，富之源安顺同正饲料生产基地建成启用了 3 个储量达 5000 余吨的立筒仓，解决了玉米库存量小的难题，减轻了员工搬运投送的人工量。散装仓建成启用，减少了人为接触饲料产品的频次，为确保饲料产品生物安全奠定了基础条件。再加上富之源集团在贵阳、铜仁的两大饲料基地，饲料年产能可达 65 万吨。

富之源贵阳综合保税区 150 万吨饲料原料集散及饲料加工中心的建成不仅增强了购进玉米、豆粕等饲料原料的能力，还降低了 5% ～ 10% 的饲料生产成本。这是目前贵州省最大的进境粮食加工项目，也是全省首个全牌照进境粮食保税加工项目。

4.7 万平方米的占地，2.3 万平方米的标准厂房，15 个 5000 吨级的高大立筒仓里储藏着从国外进口的玉米、豆粕等原粮。经清筛、粉碎、配料、冷却筛等多道工序，便华丽"变身"成饲料用粮走向市场。

为了降本增效，贵州研发新技术方面不断发力，探索利用酒糟、菜籽粕等地产原料喂猪，让养猪事业走出了一条特色致富路。在遵义、铜仁等地，不少猪场充分利用资源优势，将酿酒和养猪相结合，酿酒后的酒糟用来制作养猪的食料，每年节约不少饲料钱。

黔西南布依族苗族自治州德康义龙种猪场（德康集团贵州分公司　提供）

医：专业兽医"伺候"

"二师兄"的幸福生活自然少不了专业兽医们的精心照顾。

贵州推进兽药"互联网+"追溯体系建设，加强动物诊疗机构管理。贵州省153家生猪定点屠宰企业纳入信息化、规范化管理；3家兽药生产企业和671家兽药经营企业全部纳入国家、省系统监管，入网覆盖率和产品出入库信息上传率均达到100%；全省246家动物诊疗机构全部进入国家系统，实现信息化监管。

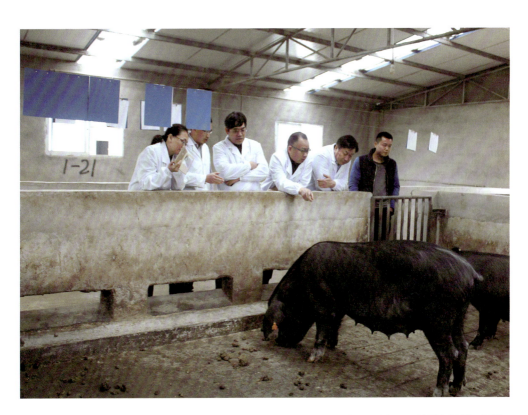

贵州省农科院专家指导"黔猪配套系"种猪研发（贵州省农科院 提供）

在基础设施建设上也实现新突破。2021年，贵州省组织实施动物疫病病原学监测区域中心、动物卫生监督检查站等14个中央财政资金项目；启动实施省级兽医实验室检测能力、县级动物疫病防控能力提升等18个省级项目。贵州省60个兽医实验室具备非洲猪瘟病原学检测能力，建成3个区域性病死畜禽无害化处理场，35个县级生猪运输车辆清洗消毒中心，动物防疫基础设施进一步完善。

在兽医安全环保方面，贵州也迈出坚实步伐。贵州对省内106个动物病原微生物实验室全部实行备案管理，对屠宰企业液氨等危化品进行摸底调查，并纳入日常监管。2021年，贵州省畜禽粪污资源化利用率达86.4%，高出国家要求6.4个百分点；规模养殖场粪污处理配套设施验收率达99.3%，高出国家要求4.3个百分点。

畜禽产品质量安全保持较高水平。2021年，全省畜禽产品抽检合格率达99.8%，生鲜乳违禁添加物"零检出"。

兽医法规修订取得新进展。完成《贵州省动物防疫条例》修订工作，全面启动《贵州省牲畜屠宰条例》修订，印发实施《贵州省非洲猪瘟疫情应急实施方案》等，进一步优化完善顶层设计。

制订生物安全计划。自从非洲猪瘟爆发以来，贵州省动物疫病预防中心便积极协助各大生猪企业量体裁衣地制定生物安全管理手册，指导各生产单元的工作人员有效实施生物安全措施。建立组织管理体系、屏障体系、应急反应和疫情报告制度、人员管理体系、生物安全培训计划、车辆管理和运输控制及记录档案制度等。严格把控好每一个环节，最大限度地降低生物安全风险，帮助企业建好"安全岛"。

贵州积极推进生猪"保险+期货"业务（贵州省生猪产业专班　提供）

发展：产业链建设加快成"势"

得天独厚的自然环境和地理位置，让贵州成为大型龙头企业发展生猪产业的重点区域。目前，全国前20强的生猪企业中就已经有16家入驻贵州，在贵州省62个县实施生猪养殖或全业链一体化建设项目。德康集团便是最早选择在贵州"安营扎寨"的国内知名龙头企业之一。

德康集团贵州分公司的核心育种场在满负荷状态下，可生产纯种母猪4000头、纯种公猪2000头。通过"现代化"设备、"精细化"饲养与"产业化"经营，可支撑年出栏超过千万头的生猪产业体系，同时带动养殖户受益。

为吸引更多生猪企业来黔筑巢，贵州积极扮演好"金牌店小二"的角色，实施全程化服务，实行绿色审批，为企业开辟"绿色通道"：打出优

惠扶持政策"组合拳"，在项目选址、立项、环评等方面，简化项目立项、用地程序、环保备案等手续，从用水、用电、保险等多方面进行全方位服务；通过召开专题协调会、现场办公等方式，帮助企业解决困难，争取项目尽快落地。

随着多个国内知名龙头企业纷纷在贵州做出产业布局，龙头企业本身具备的强大的技术、资金、研发、品牌等优势，成为助推生猪产业加快发展、转型发展的"活力因子"。

2022年初，德康农牧清镇种猪场成功入选国家核心育种场，实现贵州省生猪国家核心育种场"零突破"，在生物安全、猪群规模、性能测定准确度等关键指标方面，获得行业和国家认可。德康集团在平坝区已建成全国一流的现代化高标准大型种公猪站1个，可满足50万头母猪的生产需要。

贵州省在种猪培育上多措并举，种源自给率不断提高。2011年，贵州开展了"黔猪配套系"育种规划，以培育出高繁、快长、好吃、节粮的生猪新品种，破解制约贵州特色猪产业发展的种源瓶颈，已选育至第6个世代，有望在3年内通过国家畜禽遗传资源委员会审定。

贵州多家生猪龙头企业采取"统一种苗供给、统一饲料供应、统一养殖标准、统一技术防疫、统一回收销售、统一分户养殖"的模式发展生猪代养，使得大型养殖户增加了养猪的规模和效益，中小型养殖户则解决了防疫病能力差、资金短缺等难题，实现了多方共赢。

随着生猪产业联农带农能力进一步增强，贵州不断创新生猪产业发展合作典型模式、高效养殖典型模式、利益联结典型模式等，加强规划引导、政策支持和科技帮扶。鼓励养殖专业合作社和现代家庭牧场以产权、资金、劳动、技术、产品为纽带，开展合作和联合经营。持续开展"大场带小场"行动，不断扩大生猪产能，提升主要肉食品有效供给能力，逐步形成了以龙头企业为引领、农民合作社为纽带、家庭农场和小散养殖户为基础的协同发展格局。

坚持市场驱动,实现品牌效益再加强。贵州多次外出招商引资,促成与全国排名第三高金食品集团的"联姻",在龙里县投资建成了100万头现代化生猪屠宰和精细化分割生产线,有效提高了全省冷鲜猪肉和猪肉预制产品供给能力。五福坊食品有限公司已纳入省级千企改造龙头企业和农产品(食品)深加工高成长企业,盘县火腿被纳入中欧地理标志产品互认清单。通过延链、补链、强链,产业链条逐渐完善,生猪产品附加值不断提升。

规模化标准化不断扩大,生猪产业链结出累累硕果。贵州省年出栏500头以上规模猪场超过3500个,创建省级以上生猪养殖标准化示范场146个(其中国家级51个、省级95个),创建标准化屠宰厂7个(其中国家级1个、省级6个)。

依托生猪养殖,贵州已勾画出饲料、养殖、屠宰、加工、包装、流通、销售等一体化产业脉络图,正推动着单一养殖向一、二、三产业融合发展转变。

目前,贵州省有养殖场(户)达264万个,省内33%的农户从事生猪养殖,部分地区生猪养殖收入占农民收入的30%以上。

服务:精细化促增长

新冠疫情发生后,贵州省生猪产业发展工作专班建立生猪产业发展定期调度机制、督促指导机制、服务企业机制、问题会商机制、信息报送机制等"五项机制",同时设立贵州省生猪产业发展"服务直通车",主要受理关于生猪产业发展的有关来电来信,包括政策咨询、情况反映、意见建

议等。相关情况受理后，会及时梳理归类，明确办理单位和责任人，限时办结回复。

用金融激发活力。指导各地申报农业农村现代化发展基金，建立由158个项目组成的基金储备项目库，总投资超过300亿元；同时组建省级技术服务专家团队，按县分片区实行点对点技术服务，每个重点县至少有3名服务专家，每月至少开展1次现场指导。

预防生猪价格坐过山车，用上"双保险"抵御风险。面对"猪周期"困扰，贵州省农业农村厅和多部门共同推动，积极联系保险公司、期货公司等金融机构，努力通过市场手段为生猪生产保驾护航。2021年3月，贵州首例生猪"保险＋期货"创新型农业保险正式落地开花，填补了贵州生猪市场合理分散价格风险的空白，探索利用市场化手段补偿养殖企业与养殖户因价格波动所导致的损失，让养猪更有"安全感"。

如今，贵州围绕"立足当前保供给、着眼长远促转型"的目标，通过抓好非洲猪瘟常态化防控、粪污再利用、龙头企业示范带头等，构建起了种养循环农业可持续发展新格局，创新高效快速推进，让"二师兄"事业成为贵州乡村振兴靓丽的名片。

◎ 小记

"中国凉都"六盘水"猪事"顺利 ／ 董 瑶

　　收拾书包、放学、回家，小小的身子背着与身体极不相称的大背篓，在田间地里穿梭着"讨"猪草，不仅要"讨"猪草，还得剁猪草，有时兼煮猪食、喂猪食……这是生长在六盘水农村 60 后、70 后难忘的童年记忆。

　　曾几何时，作为工业城市的六盘水，农业底子很薄，在农村，养猪为过年，养牛为耕地，养鸡鸭只为换取油盐钱。如今，辗转半个世纪，从小农经济到现代化养殖，六盘水的生猪产业发生了翻天覆地的变化，"猪事"顺利。

精心打造"盘县火腿"品牌

　　提到六盘水猪事，盘县火腿的香味便会飘来。

　　盘州[①]地处云贵高原中部，平均海拔 1400 ～ 1600 米，冬季平均气温 4.5℃～ 12℃，相对湿度 60% ～ 85%，独特的地理及气候条件非常适宜加工优质火腿。盘州人历来有"杀年猪、腌火腿"的传统习俗，火腿肉质细嫩、香味浓郁、咸香可口。

　　2012 年，盘县火腿获得"国家地理标志产品"。2014 年 2 月，贵州省地方标准《国家地理标志保护产品·盘县火腿》颁布实施。2017 年 2 月，《盘县火腿加工技术规范》地方标准开始执行。2017 年 6 月 21 日，盘县火

---

① 2017年4月，盘县改为盘州市。为陈述需要，书中保留"盘县火腿"的名称。

腿荣获"生态原产地保护产品"称号。2021 年 3 月 1 日,地理标志产品"盘县火腿"实现中欧互认,标志着盘县火腿产业由数量型向质量型的根本性转变,拓展了盘县火腿产业发展的空间。

近年来,盘县火腿的知名度大大提升,需求订单猛增,盘县火腿产业发展迈上了新台阶。按照"全产业链"发展思路,坚持以市场为导向、企业为主体、集团化、品牌化发展为方向,全面重构从良种、养殖、屠宰、肉联、火腿系列产品、统一品牌销售全产业链的现代公司生产模式,推进经营方式由分散弱小向集中规模转变、管理方式由作坊式竞争向现代企业管理转变,推动盘县火腿产业跨越发展。

截至 2021 年底,六盘水市生猪养殖企业 200 余家,22 家是盘县火腿无公害腿源生产场。盘州市现有杨老奶、恒泰、旺火炉等生产企业 16 家、作坊 23 家,设计总产能 1.15 万吨。

从 2018 年起,盘州企业采取代加工模式,生产迅速增长,加工规模达到 6105 吨,销售额 1.8 亿元。虽然这两年轮番受非洲猪瘟及新冠疫情的双重影响,2020 年生产规模回落到 6100 余吨,销售额约 3.44 亿元。2021 年,火腿加工、销售得到逐步恢复,全年生产火腿 8000 余吨,超过非洲猪瘟发生前的产量水平。

当地成立了盘县火腿工作专班,建立了省级盘县火腿检测检验中心,使企业就地实现产品检测、相关部门实现即时监管工作;组织制定并实施省、市地方标准 9 项,实现盘县火腿标准化生产。

为了让盘县火腿更香,盘州市加快了当地特色猪种乌金猪养殖场项目建设,计划总投资 2.34 亿元、占地 267 亩,达产后预计存栏基础母猪为 8000 头;建立了计划总投资 2.8 亿元、年屠宰 100 万头的生猪屠宰厂;同时强化市场销售渠道拓展,融合移动"互联网+",打造线上线下互动营销,积极打造自主品牌"盘致火腿"。

完善生猪稳产保供长效机制

为促进生猪产业健康发展，六盘水市全面落实生猪产业发展建设用地、环评审批和金融支持等政策措施。

禁养区划定方面，2020年以来，农业农村部门联合生态环境部门对禁养区进行重新划定。严格按照生态红线重新划定，现在全市的禁养区为141个（占地1280平方公里），较2017年减少172个（占地1132平方公里），禁养区减少46.77%，为生猪养殖提供了广阔的备选空间。

项目用地办理方面，2020年以来，六盘水市共办理设施农业用地备案项目45宗，涉及用地总面积1168.1亩。其中，生猪养殖设施农业用地备案项目28宗，用地面积698.48亩。

金融扶持方面，争取到省农业产业基金9000万元，创新推出生猪产业"乡村振兴e贷"等金融服务项目，累计贷款7136.13万元。

生猪保险方面，2021年能繁母猪、育肥猪共投保45.41万头，较2020年增加20.2%；理赔金额923.75万元，与2020年同期对比减少14.14%。

为防止生猪生产大起大落，结合六盘水市生猪生产实际，制定印发了《六盘水市生猪产能调控实施方案（暂行）》，完善了生猪稳产保供长效机制。据统计，2021年六盘水市生猪存栏101.44万头，同比增长15.9%；生猪出栏114.26万头，同比增长7.9%，猪肉产量达10.36万吨，同比增长11.0%。

推进规模化标准化品牌化现代养殖

如今，六盘水的养猪产业非常热闹。六枝大北农、六枝二表哥、盘州新希望、水城温氏等生猪养殖企业运行良好，在深加工方面也相继培育出盘县火腿和凉都跑山猪等具有影响力的区域品牌。2021年，在生猪价格下行、行业发展不利的情况下，六盘水市生猪产业实现了逆势上涨。

六枝"二表哥跑山猪"，抓住了生态的"牛鼻子"。

贵州二表哥生态农业有限公司坐落在六盘水市六枝新场乡松坝村毛草坡组，这里海拔高、植被茂密、多土壤富硒，公司充分利用了这里得天独厚的自然条件。

这儿的猪"吃百草、喝山泉、听音乐、万步跑"，晚上辅以科学配比的纯粮喂食，"圈养＋放养"300天以上。这种生态健康的养殖模式，虽然增加了成本，但因为肉质上乘、口感细腻、营养丰富，产品和产地先后获得无公害农产品产地认定证书、无公害农产品认定证书、有机产品认证证书，成功打造出了"二表哥跑山猪"品牌。

2019年春节，盘州市普田乡雁子村，杀猪才有年味（伊航 摄）

"我们坚持生态、健康、高端发展理念，'二表哥跑山猪'无激素、无抗生素、无转基因、无反式脂肪酸、无任何药物残留，符合国家农业行业标准（NY/T2799—2015）中的'绿色食品畜肉'标准。加之六枝特区是我国著名的三大天然富硒地带之一，使得'二表哥跑山猪'和'二表哥黑猪'为富硒猪肉，含硒量高达61.4微克每千克，是国家富硒猪肉的3倍。"贵州二表哥生态农业有限公司负责人介绍道。

通过多年的发展，贵州二表哥生态农业有限公司从创业之初只有2个人养殖20头母猪的"小作坊"，发展到2020年拥有员工157人、存栏母猪5000头、出栏土猪10万头的产能规模的大型现代养殖企业。其产品成为珠三角等地区的"俏销品"，深受客户的认可，产品供不应求。

盘州"特种乌金猪"也实现了从田园到餐桌的全产业链。

在盘州，"特种乌金猪"不仅是盘州市贵康生态农业开发有限责任公司的主打产品，更是当地石桥人家餐馆的热门菜品。

早在2016年，盘州市贵康生态农业开发有限责任公司就开始专业从事特种乌金猪的饲养，以当地丰富的野杂草资源为主料来喂养特种乌金猪。该公司现已建成养殖基地2个，占地25亩，养殖面积近4亩；种植牧草50余亩；存栏特种乌金猪1128头、能繁母猪148头，并取得了无公害农产品的产地、产品认证。

"通过把自己养殖的特种乌金猪肉拿到饭店里进行分割、加工销售，形成了以2个养殖基地主抓生产、1个餐馆作为体验和销售平台的新产销模式。这样不仅让客户吃上了放心肉，扩大了生猪的销量，还大大提升了餐馆的可信度和经营业绩，实现了养殖和餐饮的双赢。"企业负责人说道。

目前，公司已形成了能繁母猪饲养—仔猪育肥—肥猪出栏销售—猪肉餐馆销售—饭店经营的完整产业链。

水城温氏作为龙头企业引领带动致富增收。

如今，作为水城区温氏养猪总繁场，水城区各养殖小区内的仔猪均来自中坝村。

"温氏养殖场的落地投产，不仅提升了我们村的知名度，还让村民们通过流转土地、到养殖场务工增加了收入。"中坝村党支部书记曾云说。

2017年6月20日，原水城县人民政府与广东温氏食品集团股份有限公司签订水城县生猪养殖项目投资协议，成立水城温氏畜牧有限公司发展水城县温氏一体化养猪项目。由此，水城温氏一体化养猪项目（一期）在阿戛群福村、董地街道董地村和中坝村、陡箐镇梅子关村和陡箐村等10个乡（镇、街道）开工建设。

项目全部建成投产后，可现实现上市肉猪40万头，每年合作家庭农场增收8000万元以上，创造2000多个就业岗位，同时带动当地建筑、蔬菜种植、粮食、运输、服务业等相关产业增收创收3000万元，满负荷生产下，水城区畜牧业产值可增加10亿元。

伴随着产业规模化、标准化、品牌化的发展，六盘水市生猪产业的转型升级之路越走越宽。

第四章

『二师兄』的多彩贵州文化修养

袁小娟　程　丹

多彩贵州赋予了"二师兄"特别的文艺气质。在贵州，不同的地域不同的少数民族民俗文化中，"猪事"各有不同，"二师兄"往往具有重要的文化承载作用。

来看看"二师兄"的多彩贵州文化修养。

西江千户苗寨过鼓藏节

黔东南被称为"人类疲惫心灵的家园"，"二师兄"落脚在西江千户苗寨。

黔东南节日多，唱歌跳舞，芦笙阵阵，正合了他喜好热闹的性情。

鼓藏节和苗年，都是黔东南西江苗寨及周边村落最富特色的重要节日，也是"二师兄"最爱的节日。

鼓藏节是节日，也是十二年一次隆重的祭祖大典。西江鼓藏节每隔十二年过一次，连续过三年。第一年为起鼓年，第二年为跳鼓年，第三年为送鼓年，以送鼓年最为隆重。

鼓藏节最重要的仪式是祭鼓，祭鼓便是祭祀祖先。鼓是苗族祖先居住的场所，是苗族的神器。西江苗族认为，蝴蝶妈妈、姜央公公、蚩尤祖先、开辟西江的祖先以及全体宗族的列祖列宗都住在铜鼓里，平时不能惊动他们，只有等到一个地支轮回的第十三年，才杀牛或杀猪来祭祀他们。

鼓藏节还有一个重要意义是招福祈瑞，祈福来年国泰民安、风调雨顺、五谷丰登、人丁兴旺。

鼓藏节通常要杀猪。这是一次世俗升华到神圣的过程。当地几乎家家户户都养猪，喂饱催肥。少数没有养猪的人家会提前到别的村寨找猪，多半都是找黑毛猪。临近节日，人们都会通知亲朋好友来过节、抬猪腿。

西江杀猪祭祖一般在寅日，主要根据过年当年的星宿而定。杀猪的头数各家均有不同，一般会根据自家亲戚多少、送猪腿多少而定，一般杀一、三、五、七、九头等单数为吉数。

按照传统习俗，杀猪祭祖先由鼓藏头家开始。鼓藏头杀猪祭祖要选吉时，在神龛前给列祖先贤烧香烧纸，杀一只大红公鸡祭祀，敬上米酒，告知列祖先贤和各位神灵，敬拜"大官人"（鼓藏节中"猪"的婉称）的时辰已到。

杀猪祭祖时必须注意朝向，猪面朝东方，因为东方是苗族的发源地，也是太阳升起的地方，朝向东方会带来吉祥。操刀杀猪的人一般是舅舅，舅舅不愿动手也可以由他另请其他人代替。杀死猪后，必须让它躺在地上，盖上稻草，十几分钟后才能用火燎烧，褪去猪毛，再用水清洗。猪身上的五花肉部分割下来用来煮鼓藏肉。理肠通便时，要把猪大肠小肠清洗干净，不能把肠弄漏弄断，表示未来十二年都风调雨顺。

杀猪时有很多禁忌语。杀猪的刀不能说是"刀"，要说成"叶子"；猪血不能叫作"血"，而是称为"浮萍"；烧猪的火要说成"太阳"；烧猪用的稻草要说成"盖被子"。猪洗净后剖腹，鼓藏语叫"开仓门"。

杀猪后的第一餐饭只能吃鼓藏肉，其他如瘦肉、内脏等不能上桌。鼓藏肉每块重 1～3 两，谁越能吃得多就越好，意味着他能得到更多的祝福和收获。

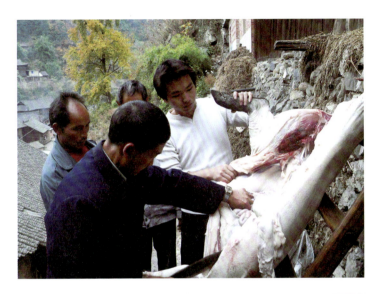

↑ 西江苗寨鼓藏节杀猪开仓门（李天翼 摄）
↓ 切鼓藏肉（李玉贵 摄）

西江苗年巡游（吴帮雄　摄）

吃饭的时候要讲鼓藏语，如"喝酒"叫作"在水上划船"，"吃饭"叫作"创沙子"，"吃饱了"叫作"满仓满库了"等。

送客时，主人家要给带鸭、鱼、糯米饭的来客送一只猪腿和糯米饭，且送舅舅的猪腿要带猪尾巴。

鼓藏节，西江苗寨家家户户喝酒吃肉，扶醉走在山林中，山歌阵阵，银饰叮当作响。①

---

① 李天翼等：《文化赋能乡村振兴：西江千户苗寨的实践观察》，社会科学文献出版社，2022，第45-46页。

黔东南过节人山人海（吴蔚 摄）

一年过三次苗年 "二师兄"的西江快意人生

盼热闹的人，年底最盼的便是过年。

在西江千户苗寨，一年过三次苗年，这是持续升华的快乐。

苗年是西江苗寨每年重要的迎新送旧节日。对于苗族人来说，农历十月秋收结束，粮食满仓，这一年便结束了。

苗年最隆重的大年都选在农历十月的第一个"卯"日（相当于春节的除夕夜）。这个时段正正好。

西江苗年从农历九月中旬开始，过小年、中年和大年三次。小年一般过1～2天，打糍粑煮新米饭。25天后过中年，过4～5天，打糍粑、煮鱼和杀鸡。食物丰沛，美味一点点升级节日气氛。再过25天便是最隆重的大年了，家家户户都要杀猪。对于苗家人来说，再苦再累，家里必须要养两三头猪，一两头卖钱，剩下一头便是留到大年与亲朋好友一起共享的盘中餐。跳芦笙、斗牛、斗鸟等活动将大年的气氛推到极致。

一般，人们在"寅日"杀猪，然后烫猪、剐猪。"辰日"这天，天还蒙蒙亮，人们便在厨房忙开了，烹制好猪、鸡、鸭和鱼等佳肴。天刚亮，主人在祖先神位龛前和门口烧纸插香，将猪肉、米酒、糯米饭、鸡、鸭、鱼摆放在地上，迎接祖先一起过苗年节。人们念着那些逝去的亲人名字，邀请来吃这一年最好的酒肉饭菜。越丰盛，越慰藉继续在这块土地上生活下去的人。恋恋不舍的温情，浓烈的思念，保佑平安健康的心愿，都诠释在这丰盛的祭祀酒肉中。

祭祀祖先后，中堂屋的长桌上摆满了酒肉。

年饭，摆在长长的桌子上，是为著名的长桌宴。从下午一直吃到深夜，从东家吃到西家，从山下吃到山上。

歌声此起彼伏，顺着太阳的光辉，追着月亮星辰的闪耀。

台江县施洞独木龙舟节里的"二师兄"

台江县施洞在每年农历五月二十四日至二十七日举办的独木龙舟节，如今已是国内著名的民族节日。划独木龙舟是民族传统体育竞技之一，每年都有数万名来自国内外的观众在岸边为选手们加油鼓劲。2008 年 6 月，独木龙舟节被列入第二批国家级非物质文化遗产名录。

在当地，男女盛装参加龙舟节。船主的亲友们来庆贺时一般都会带猪、羊、鹅等礼物，各村寨都会来客人，大家一起喝酒吃肉，往往持续好几天。

按习俗，龙舟下水时要请鬼师看时辰，一般都是早上八九点下水，下午两三点敬龙神。鬼师要念经，内容大致是保佑粮食丰收、寨子团结、老人长寿、小孩聪慧、大家身体健康等。敬龙神时要敬三杯酒，将白纸剪成纸串挂在杉树上，摆上三碗熟猪肉。

黔东南台江县施洞苗族刺绣（袁小娟　摄）

划龙舟时一般要打鼓。按照传统，主办龙舟节的人叫"鼓头"而不叫"龙头"。龙舟节是以"鼓"为单位主办的，而苗族传统观念中是以鼓作为血缘组织的代表，所以称主办人为"鼓头"。每个鼓头手持一个小鼓，作为身份的象征。鼓头是由各血缘组织推选而来，选鼓头的时候，要这个人威望高，在寨子里能起带头作用，还要他的家里姑娘多，因为她们嫁了以后才会有多个姑妈接龙，姑妈需要拿猪去接龙。

每届龙舟节结束后，原鼓主杀猪办酒打平伙，并正式宣告下届鼓头的人选。

从农历五月二十五日起，各只龙舟都要划到事先约定的地点去参加比赛。龙舟所过之处，两岸村寨的人们纷纷跑来观看，亲友们要放鞭炮，送红绸、鹅、鸭等礼物接龙。姑妈姑爹要送一头猪，到龙舟赛结束时，鼓头家回敬一只鹅。送礼的亲友还要向鼓头和舟上的所有人敬酒，同时用

苗语唱道："天天等龙来，今天龙来了，龙来龙心好，送来百把个好儿孙，千万个娃娃给父母亲。"[1]

点火迎猪

苗族有句谚语："穷莫丢猪，富莫丢书。"把喂猪与读书并提，是懂得物质生产与智力投资的重要性。[2] 这也证明了猪在苗族的民俗生活中十分重要。

猪在苗族中是喂养最多的家畜，是肉食的主要来源，也有"猪肉味最香"之说。喂猪是妇女重要的家务劳动，生女孩说"得个打猪草的"，在新婚祝词中有"喂猪大如门板"。[3]

猪买回来后，要经历隆重的"点火迎猪"仪式：将有火星的柴灰倒在猪栏门成条状，让猪踩进栏内，意味着猪不生病、长得快。

苗族认为一切瘟疫、鬼怪都怕火，经仪式后，才能拒瘟疫、鬼怪于门外。[4] 所以买回猪、牛、羊等牲畜时，都要举行点火迎畜仪式，即在自家大门口点燃大火把，迎接新畜进屋。如果迎接的是猪的话，赶猪的人要大声祝愿："长大八百斤！"苗族分家时会点火把立户，火象征户牌。点火迎畜也表示牲畜换了主人。

① 刘锋、靳志华、徐英迪等：《地方文化资源与乡村社会治理：以贵州清水江流域苗族为例》，社会科学文献出版社，2018，第259-296页。

② 杨昌才主编《中国苗族民俗》，贵州人民出版社，1990。

③ 吴一文、覃东平：《苗族古歌与苗族历史文化研究》，贵州民族出版社，2000，第246页。

④ 吴一文、覃东平：《苗族古歌与苗族历史文化研究》，贵州民族出版社，2000，第249页。

贵州苗寨，女孩盛装出门过节（杨昌鼎 摄）

三穗敬桥节祈吉祥　　"二师兄"来助阵

黔东南山高谷深，人们便建了许多桥。有些桥是为了祈求桥神让这里风调雨顺、人丁兴旺、出行平安而建，久而久之便有了敬桥节。

三穗县寨头苗寨传统节日"二月二敬桥节"，是一个堪比新年的大节日。每年农历二月初二开始，为期三天。

每逢"敬桥"时，村寨里的男女老幼都盛装前去，孩子们还要在胸前挂上装有彩蛋的袋子来"敬桥"。村民们杀猪宰羊，在"接龙桥"上张罗长桌宴，邀请客人一起吃团圆饭，祈求来年风调雨顺、五谷丰登。①

思南傩堂戏中的"二师兄"

在 1993 年贵州民族出版社出版的《思南傩堂戏》中，记录了关于秦童买猪为愿主家酬还良愿，在买猪的过程中发生了一系列嬉笑逗乐的段子。

秦（唱）南官主户主人请出中华龙凤门。

请你出来无别事，四言八句对你言。或在东，或在西，或在茶房酒店里。快点赶忙上前来，多多急急广招财。这个户主好诚心。你今一来礼拜天。

（白）南官主。说你有头猪要卖？

主（白）要卖！

（白）头槽猪要卖不？主（白）不卖。甘（白）我晓得了！他老人满百岁，整百岁酒。二槽猪也不卖。我也知道，他少爷读书整学酒，三槽猪要卖不了。

---

① 中国地理学会编、张妙弟主编《美丽中国　美丽贵州》，蓝天出版社，2015，第294-300页。

主（台）要卖。

甘（白）说个价。

主（白）万万贯的万万贯。

甘（白）南官主，你去把圈门开开，我去看看相公的这个猪。

这回猪头下得长，别里有事我都忙。

三头时子要取尽，四四一十六。

红要取全。肝肺要取尽，阴应阳应要取全。

四蹄八爪要取尽，鬼脸鬼骨要取全。

桃心香胆要取尽，内柳外糊要取全。

磨泥及洞要取尽，诸盒笔架要取全。

生不生，熟不熟，二十四块联界肉。

一个猪儿交给你，样样设肉要取全。

若有一样取不到，大神小鬼无法交。

白刀进去红刀出，一盆鲜血放豪光。

杀进金杀进银，交给求财四官神。

你去东边休息下，一时二候到堂前。

"二师兄"见证爱情步入婚姻殿堂

在贵州一些苗寨，猪是男女双方初定婚约后"纳彩"时的必备物品，"二师兄"参与见证男女双方喜结连理的全过程。

初定婚约后择日"插香过礼"，称"纳彩"。日期由男方家择定后通知女方家，到时男方家要带上钱、米、油、盐、衣服和首饰等，几十斤猪肉必不可少。男方亲房兄弟抬去，媒人、新郎及新郎父亲一同前往，但新郎可以不去。到女方家门前便燃放爆竹，由女方家宗族兄弟在门外招待欢迎。

猪肉为黔东南侗寨节日添气氛（吴蔚　摄）

　　如果女方家比较富有，便会杀猪款待男方来客。客人在女方家住 3 天。女方家亲房本家须轮流留客吃饭，俗称"吃排门饭"。男方客人返回时，女方家的回礼是送媒人 1 只猪腿。

　　在清水江流域的苗族地区，新娘回娘家的时候，新郎家里都会赠送猪，家庭富足的赠送三头，一般家庭则是一头。但是现在，基本上每家结婚都是赠送三头猪。当男方送猪给女方的时候，女方会回赠部分。如果是一头，就回赠一条猪后腿；如果是三头，就回赠一整头猪。嫁出去的女儿在每个节日（特别是大节），都要回娘家，也会带上几斤猪肉。[1]

① 刘锋、靳志华、徐英迪等：《地方文化资源与乡村社会治理：以贵州清水江流域苗族为例》，社会科学文献出版社，2018，第471-473页。

第四章 "二师兄"的多彩贵州文化修养 73

在贵州务川龙潭仡佬族古寨，"二师兄"也热热闹闹参与婚礼。男女定亲后，男方和媒人要去女方定婚期。男方需要带一只猪头、若干匹布和其他吃食送给女方。

结婚前一天，男方还要送媒人猪头、五花肉、酒和鞭炮等物品。[①]

在毕节彝族地区，如果男女双方打算来年举行婚礼，这一年春节过后，正月初三至正月十五之间，男方家要择一吉日到女方家拜年，彝语称之为"打偷合"，通知女方家要做办喜事的准备。凡是女方家的宗亲，男方家都要逐一送去拜年礼。拜访长辈家的礼品一般为半剖猪头肉、一匹肋骨肉、一坛烧酒、一升燕麦炒面或折叠的"那披"（即糍粑）。按照彝族的传统礼俗，半剖猪头肉外加一匹肋骨肉是表示对长辈的敬重，两匹肋骨肉则表示双双有喜。

迎亲时，要敬献给女方家长辈半边猪头。给父母和岳父岳母拜年时，一般还会送猪的前胛肉，越大越好，配有面粉和酒。[②]

贵州不少区域的婚俗都有"二师兄"的身影。比如都匀苗族在通媒以后，男女各杀一只鸡缔约，男方家准备好猪酒财帛送女方家，叫敬族。[③]贵阳花溪花苗在接亲时猪肉也是必需的。媒人、新郎和两位男青年，一位小姑娘盛装前往女方家接亲。媒人拿一只大公鸡，年轻人挑一坛酒、一块猪肉以及衣物、鞋袜等礼品到女方家去迎亲。[④]

① 李劲松等：《丹砂古寨：贵州务川龙潭仡佬族村民族志研究》，九州出版社，2019，第199-202页。
② 何善蒙主编《贵州毕节彝族文化调查研究》，九州出版社，2018，第198-237页。
③ 王肇磊：《清代以来湘黔鄂渝桂省际毗连地区城市发展研究》，中国社会科学出版社，2020，第218页。
④ 潘桂芳：《贵阳花溪花苗服饰》，九州出版社，2017，第8页。

结　语

对于贵州人来说，猪是美好生活的象征。曾有人研究贵州乡村礼物的变化，原来从清朝光绪年间开始，猪就是一个可爱的礼物。牛和羊往往带有特别的祭祀目的，送猪的目的就只有一个：来参加的人那么多，送些本地香香糯糯的鲜猪肉大家一起吃呗。

人们也把对"二师兄"的喜爱融入生活的方方面面。

贵阳花溪花苗的女人们会把"猪蹄叉"纹样绣在衣服上，这是挑花者必须掌握的纹样之一。[1]

黔东南施洞的银匠打造的小银角，戴在大银角后面，以二师兄的武器钉耙为模板，象征着农具，洋溢着浓郁的生活气息。[2]

侗族大歌中有一些富有教育意义的歌曲，以浅显易懂的方式将道德理念贯穿到具有审美形象的表达之中。儿童大歌《听老人话》就借养猪唱道："楼脚舂米满头糠，有糠喂猪猪肥大。老给哪样吃哪样，挑挑拣拣不像话。"[3]

此外，贵州的许多地名也和猪息息相关。贵州多地都有名为"珠藏"或"朱昌"的地方，例如贵阳市有"朱昌"，瓮安、织金两县有"珠藏"。事实上，这些地方原本是叫"猪场"，但并不是指养猪场、种猪场之类，而是在十二生肖计日中逢"猪"（即"亥"）赶的场。

后来也许是因为人们嫌"猪场"之名不雅，改用谐音"珠藏"或"朱昌"，这些地方也蕴藏着丰富多彩的历史文物、革命文物、民俗文物。[4]

① 潘桂芳：《贵阳花溪花苗服饰》，九州出版社，2017，第406页。
② 郑泓灏：《苗族银饰文化产业调查研究》，社会科学文献出版社，2018，第181页。
③ 杨毅：《歌与生活：人类学视阈下的侗族大歌》，中国社会科学出版社，2016，第1234页。
④ 陈月巧、张春、吴正光：《五彩黔艺话生肖》，贵州大学出版社，2017，第213-225页。

贵州还有个地方叫"三个猪儿"。手机地图显示，从遵义市汇川区人民政府到"三个猪儿"有24公里，"三个猪儿"离著名的海龙屯有7公里左右。它是一座山，山顶上有三块大的条形石头，和山体相连。这三块石头，每块的重量大约有10吨，长7米左右，远远看去，就像"三个猪儿"，这个形象、好记的名字慢慢被当地群众叫开了。

祭祖宴（吴蔚 摄）

◎小记

祭 祖

　　时至今日，猪仍旧是祭祖宴上的主角。2021 年清明节，贵阳，吴氏家族祭祖。人们开车到举行祭祀的地方，杀了 3 头猪来置办盛大的流水席，完成这一年的祭祀。

　　随着岁月的流逝和社会发展，马车变成自行车变成汽车，流水席的菜式却很少变化，比如贵州乡村宴席流行的"八大碗"——盐菜扣肉、夹沙肉、蛋皮肉饺等都是猪肉做的。

　　红彤彤的主菜猪肉搭配上各类时蔬，红绿相映，让就地置办的流水席显得精致起来。

↑ 猪肉仍旧是C位（吴蔚 摄）
↓ 红绿相映，热气腾腾，流水席简单而美味（吴蔚 摄）

◎小记

围绕"二师兄"从业的人们，也很有"摆头"

桂花寨杀猪匠老海　/　黄政芳

江口县桂花寨（寨子名为化名），老海是个杀猪匠。

他杀猪有三绝：满口红、白生生、一杆秤。

杀猪时，他用手捏住猪耳朵，与逮尾的、拖脚的把猪放倒在半米高的杀猪凳上，然后左胳膊肘压住猪头，右手握住杀猪刀从猪的脖子下猛地递进去，随即刀一抽，鲜血便从刀口和猪嘴里喷涌而出，流到装着盐水的盆里。这就是老海的第一绝——"满口红"，预示吉祥、富贵、平安，来年主人家又有大肥猪。有的杀猪匠没有经验，一刀进去血没流多少，猪还在挣扎嚎叫，只能补上一刀，有的更是三刀才死。这是最忌讳的，出现这种情况，主人家就会不高兴。

他有一副挺杖，由一根手指粗、一米五长的圆钢筋和两个厚铁皮做成的刨子组成。猪杀好后，在一只猪脚上切一个刀口，然后把那根钢筋从口子里插进去，插遍猪的脊背、肚皮、大腿等，再用嘴使劲吹，不通气的地方还用棒槌使劲敲打，待猪成了肥滚滚的气球，就把刀口捆紧扎死，然后放进又圆又大的木盆里，用滚烫的开水浸泡，再用那两个卷着的刨子刮去猪身上的毛。经过老海的手，猪变得胀鼓鼓、白生生的，一根毛都没有。这就是老海的第二绝——"白生生"。

而他的第三绝——"一杆秤"更让人赞叹。前几道工序完成后，要用砍刀把猪从脊上砍破，分成两半，取出内脏。他手起刀落，砍下的两半猪肉重量差距不会超过一斤，仿佛用秤称的一样。

冬天到了，老海便开始杀猪，忙了东家去西家，成了周边村寨的"抢手货"。只要听到嘹亮的猪叫，大家就会说："老海又在杀猪了。"老海情义重，杀猪从不收钱，但每家都会往老海装工具的背篼里放上一块三五斤的猪肉。等到腊月完结，他的炕上就会熏满整炕的腊肉。

一晃几十年过去了，老海已从中年步入老年，他的工具在猪油的滋润下更加油光锃亮。然而这年已到了腊月半间，偶尔也会听见寨里有猪叫，但却没人来请老海杀猪。他心神不安地在屋里走来走去，决定去寨上看看究竟。

老海背着双手，来到欢声笑语响成一片的三蛋家。只见几个年轻人正把一头大黑猪按倒在他家的街沿上，从未杀过猪的建狗左手用一个铁钩子钩住猪的嘴巴，右手把长满铁锈的杀猪刀胡乱地往猪的脖子上捅去，一刀下去，猪仍然嚎叫着。有人便嬉笑着喊："再来一刀……"于是，建狗又补了一刀，鲜血喷了一地，猪没了叫声。"怎么能这样杀猪呢？这是犯忌的啊！"老海一边摇头一边唠叨道。可是，没人搭理他，老海无趣地走了。

这时，寨东边的建华家传来了猪的叫声。他疾步走去，只见一头大白猪倒在院坝的水泥地上，建华正用冲壶往猪身上淋水，猪没有用挺杖挺过也没有吹胀，更让他惊奇的是做泥水工的老贵用一把菜刀在猪身上刮毛。"怎么不用木盆装水来烫呢？我那里有专门刮毛的刨子嘛！"老海惊呼起来。建华笑着答："不用那么复杂，一样修得干干净净的。"

猪此起彼伏地叫起来，寨上有六七家都在杀年猪，一下之间，仿佛个个都成了杀猪匠，以前庄重的杀年猪现在突然变成了一件随意、简单的事情了。

"怎么能这样呢？"老海一边嘟哝着，一边失望地往自家走去。

一刀割断是非根的贵州割猪匠

以前在贵州农村，远远听到牛角发出有节奏的"嘟嘟嘟"声，便知道走村串寨的"割猪匠"到了。[①] 有些地方把阉割牲畜的匠人们称为"改匠"，他们的活儿包括劁猪、骟牛和骟羊等等。

听到牛角声，有牲畜需要阉割的人家便会跑去迎接割猪匠，邀请到家里酒肉款待。

割猪匠都是"一刀割断是非根"。他们的主要工具是一把细小的铜刀或不锈钢刀，形状和功能类似医生的手术刀，迅速割掉猪的睾丸或卵巢。

村人劁猪主是想让猪们多长肉，还可以防止劣种的猪自由交配，以改良品种。在黔东南，有的村寨便用斗猪的方式选出"猪王"，让优良的品种获得更多繁衍的机会。

一般都是小猪被劁，也偶有大猪。母猪至少要长到七八十斤才能劁。生过多窝的母猪会因生殖能力下降、公猪会因为交配能力减弱而被劁了，之后便是迅速催肥。没有繁衍后代的责任，猪的性情更温顺，整日贪吃贪睡，长膘快，为人类提供了更好的肉，以及更高的经济效益。

仔猪力气小，割猪匠用双脚就可以踩住，轻轻松松完成。如果是母猪和种猪，就需要好几个人帮忙，用绳索捆绑好才能完成。劁猪给村里人冷清平淡的生活增添了一段谈资。

此外，在乡下，有些劁猪匠算得上半个兽医。哪家牲畜患病，他们还要帮忙看病。

---

① 政协凤冈县委员会教科文卫体与学习文史委员会编、张源华主编《乡风民俗话凤冈》，内部资料，2014，第312页。

贵州"现代化"杀猪　/　程　丹

2020 年 8 月底，2020 年贵州省职业技能竞赛——第三届全国农业行业职业技能大赛（动物检疫检验员）贵州选拔赛在铜仁市松桃县举行，来自省内各市（州）的 9 支代表队、36 名官方兽医参加比赛。

选拔赛采取理论考试和现场操作相结合的方式进行，现场技能操作占总成绩的 70%。参赛人员需要在 430 秒内在生猪屠宰生产线上完成屠宰以及检疫操作。

选拔赛操作现场（程丹　摄）

第五章

『二师兄』的『小鲜肉』时代

张文莉

资料来源：贵州省生猪产业发展工作专班

"二师兄"作为"小鲜肉"的时候，也是蛮可爱的。

还记得《西游记》中"四圣试禅心"那一幕吗？黎山老母幻化的妇人伫立门口，问了句："小长老哪里去？"二师兄丢了缰绳，特别有礼貌地上前唱个喏，嘴巴可甜了："娘！我来放马的。"一听就知道，他想做这家的女婿。他也很能摆正位置替人着想，说师父师兄奉了唐王的旨意，不敢有违君命，不能入赘为婿，于是大家推举他出来入赘。二师兄巧妙地表达了自己左右为难的点在于"恐娘嫌我嘴长耳大，颜值不够"，说完又立即亮出了自己的核心优势——是技术多面手。

他是种田好手，不需要牛耕田，而且会呼风唤雨；是自建房高手，能自己修三层小洋楼；还是家庭整理师的鼻祖，扫地、通阴沟、弄天井都在行。

这样的二师兄，戳中你的审美点了吗？

在贵州，"二师兄"有各种各样的可爱。

可乐猪：吃了就可乐

很多人听到名字都感到好奇，是喝可乐长大的猪呢，还是吃了心情就会乐呵呵的猪呢？

可乐猪作为乌金猪的主要类群，与在赫章县可乐乡一带出土的"陶猪"极为相似，可乐猪因此得名。

可乐猪的养殖历史可追溯到西汉末。赫章县可乐彝族苗族乡曾出土西汉末年的栏式猪圈，黔西县也曾出土汉代"陶猪"，嘴上有明显的"三道箍"；据《华阳国志》记载，远在汉代时，彝族先民便"牧猪于此"；《贵州通志》对毕节曾有"惟务农业、多资牧养为业"的记载；明清时期，赫章的可乐地区、威宁的法定地区，历史上均为著名的猪只集散市场。

当地人多以喂养母猪、出售仔猪作为家庭收入，猪贩在产区大量收购可乐猪，运到云南宣威一带，经短期育肥后将其臀腿部加工腌制成著名的宣威火腿（又称云腿）。

当地群众总结了"耳大齐嘴短，额宽顶八卦；腰长背宽条式好，脑门心上有旋毛；大腿穿套裤，蹄硬脚杆粗；毛稀嘴起尾巴短，嘴上还有三道箍"的选种要求，可乐猪也逐渐具有了耐粗饲、宜放牧、抗寒耐湿、早熟易肥、皮薄骨细、脂肪沉积少、肉质优美等品种特性。

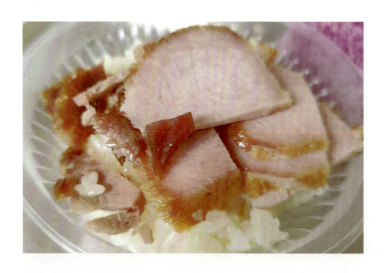

贞丰糯米饭好吃的关键在于加入猪肉腌制成的风肉（陈晓龙 摄）

赫章可乐猪（陈航 摄）

可乐猪是贵州地方优良瘦肉型品种。由于该猪种资源珍贵，生长周期比较缓慢，基本上要养 18 个月才能出栏，重量也只有 150～200 斤，在适应高寒气候和粗放饲养等条件下，可乐猪体质结实，后腿发达，其肉质优良、肉味鲜美、口感细腻，既适合鲜用，又适合制成腊肉火腿。

可乐猪属放牧型猪种，适应高寒气候和粗放饲养，饲料多以玉米、马铃薯、野生牧草为主。当地人戏称："这可乐猪吃的是中草药，喝的是矿泉水，长的是健美肉。"这一度成为对毕节可乐猪绿色无公害、肉质鲜美的高度评价。

放养长大的可乐猪后腿发达、肉质优良、味道鲜美、口感细嫩，既适合鲜食，又是制成腊肉、火腿的优质材料。闻名全国的云南宣威火腿就是以可乐猪为主要加工原料制作而成，故民间亦素有"宣威火腿可乐猪"之说。

从江小香猪（贵州省生猪产业专班　提供）

从江香猪：小而美，还等什么

　　从江香猪是我国珍贵的微型地方猪种，仅产于从江县月亮山区。小香猪是微型猪种，具有体形矮小、体重较轻和肉质细嫩、脂肪层薄等特点，全世界唯我国独有，被国家列为二级珍稀保护畜种。

　　相传从江香猪来自三国时期诸葛亮七擒孟获之地，孟获归顺后用香猪招待蜀军，烤乳猪随之诞生。历代当地官府均把香猪作为贡品来进贡朝廷。从江香猪的加工已有数百年的历史。据清朝光绪壬辰年（1892）《黎平府志》记载，自清朝开始，香猪就被加工为香喷喷的"腊仔猪"和"烤乳猪"。历史上，从江县的宰便镇是较大的猪只集散地，逢场上市的仔猪都在两三百头，邻县和省外的客商常来购买仔猪，就地加工或运回制成腊小猪与烤小猪，销往贵阳、广州、香港、澳门等地。

香猪不同的生长时期都可以宰杀食用，哺乳仔猪及断奶仔猪食用时没有奶腥味或其他异味，煮沸后肉汤无浑浊而清澄、清甜，皮薄肉嫩，有糯性而无渣质感，肉味香浓，鲜美多汁，素有"一家煮肉四邻香，颊齿余香三日长"之美誉，以"小、香、纯、净"等特点赢得市场青睐。

从江香猪体形矮小，是烧炙的佳品，经常是整猪烧炙。常见的烤香猪制作方法：将猪宰杀后剖腹取净内脏，整猪抹上食盐、烧烤汁、料酒等佐料，让其浸入猪肉，然后用专制的铁钩钩住，放在特制的烘烤箱内，文火烘烤至熟。烤好的香猪皮色金黄、肉香四溢，切一块入口，松脆无渣，满口醇香。

剑河白香猪：不吃白来一趟

农业农村部公布了2020年贵州省首批获国家地理标志农产品认证产品名单，贵州的"剑河白香猪"成功入选，成为贵州第七个入选"国家队"的生猪选手。

因其躯体远看酷似萝卜形状，当地人又称它为"萝卜猪"，是世界上最小的猪之一。剑河白香猪主要产于贵州省黔东南苗族侗族自治州剑河县的丛林山寨中，是剑河少数民族同胞培育而成的具有悠久历史的原始猪种。通过自然进化和人类培育，剑河白香猪很好地适应了当地自然环境，同时也保有一些野性。

剑河白香猪的头部和尾部是黑色，中间为白色。耳长宽几乎相等，并向两侧平伸，耳尖下垂，颈短，背微凹，四肢短小，后肢欠丰满。腹大下垂不拖地，这种猪体形矮小，基因纯，无污染，抗病力强，耐粗饲。

剑白香猪肉质脆嫩、味道鲜美。清煮则肉质白嫩，肥而不腻，原汁原味，鲜嫩可口；煎炒则色泽澄黄晶亮、清香扑鼻，入口细腻润喉、余香在唇。各种吃法都好吃。

剑河白香猪（贵州省生猪产业专班　提供）

江口萝卜猪（燕志宏　摄）

江口萝卜猪：长得像萝卜，炖了入口即化

江口萝卜猪是产区内汉族、土家族、苗族、侗族、仡佬族等民族长期选育形成的地方猪种。以前，产区群众生活贫困，养猪是家庭重要的经济来源，他们饲养肥猪以供熬油，并有逢年过节、红白喜事杀猪待客的习俗。当时，江口萝卜猪的饲养管理粗放，为节省饲料，以饲喂野生青粗料和在田间地头放牧为主，同时为缩短饲养周期，群众选留早熟易肥、个头较小的猪作为种用，故产区流传有"养猪不赚钱，肥了个人田"的农谚。加之多用公猪配种，封闭群近交繁殖，形成了体形矮小、皮薄骨细、肉质细嫩的猪品种。

香糯细滑、色泽均匀、肉质酥烂、入口即化，并且丝毫感觉不到油腻，咬在嘴里，口齿生香……这是很多人对江口萝卜猪的评价。对资深吃货而言，江口萝卜猪富含大量的肌肉脂肪，肌肉呈鲜红色，细嫩多汁，口感佳。

江口萝卜猪是贵州省铜仁市江口县的特产，每到年底，遵义、凯里等地的消费者都会专程赶到江口县购买萝卜猪作为年猪。

　　该品种是江口县百姓在长期的放牧饲养过程中，通过人工选育选配和自然选择形成的特有品种，具有体形矮小、耐粗饲、皮薄骨细、肉质细嫩等特点。江口萝卜猪的胆固醇含量低，含有 17 种氨基酸和多种微量元素。

黔北黑猪：外表彪悍，肉质细腻

　　黔北黑猪产区内，汉族、仡佬族、土家族、苗族等民族都有杀年猪炼油和腌制腊肉的习惯，常常选择"油多易肥"的猪作为种用。历史上，德江县的复兴场、凤冈县的绥阳场、绥阳县的募坝、正安县的土坪与流渡、湄潭县的河包场等，是贵州北部农副产品及牲畜交易的集贸市场，黔北 20 余县多通过这些集市进行猪种交流，逐渐形成了血缘关系密切的猪群。产区内群众选择种猪时，对猪的外形要求"头大、嘴长、岔口深，脚高、体长、架子蹬，大耳下挂粗尾根，倒八卦头日增斤"。通过产区群众长期选育，形成了体形外貌及生产性能较为一致的黔北黑猪。

黔北黑猪（燕志宏　摄）

黔北黑猪肉鲜香可口，价格比普通猪肉高出不少，在人们崇尚生态食品的今天，黔北黑猪越来越受到市场的欢迎。

黔北黑猪是贵州原生态高原猪种，肉味香，水分少，肉质紧实，肥而不腻，瘦而鲜嫩，被誉为黔北"黑珍猪"。由于多种原因，黔北黑猪曾一度濒临灭绝，后来经过对猪种的收集和集中化养殖，进行一系列保护性繁殖，种群数量才有所提升。

黔北黑猪因为养殖的时间长，脂肪里面含的水分比较少，高密度的脂蛋白比较多，呈现出与众不同的口感，而且出油量也比较高。在当地，黔北黑猪肉最传统的吃法就是将肉在清汤里涮着吃，据说最能体现肉质风味。

紫云花猪：长得漂亮，未必花心

紫云花猪，原产于紫云县宗地镇，始称"宗地花猪"，作为地方品种，紫云花猪体形中等偏小、躯体黝黑，只有腰颈、额心、尾尖等有零星白色，故被称为"花猪"。

在100多年前，宗地及周边乡镇就有养殖花猪的习惯，传说花猪为野猪驯化而成。过去，因交通信息闭塞及"不借种"的思想影响，当地一直采用留仔配母的方式进行近亲繁殖，进而形成了这样一个体貌别致、肉质独特的优良品种，成为当地群众的"当家猪种"。

紫云花猪养殖周期长、成本高，加上独有品种和生态养殖带来的高品质，价格要比普通猪肉高一两倍。宗地花猪的饲料除了以玉米和大豆等为原料外，还有野荠菜。野荠菜又名"鹿蹄草"，是宗地花猪良好的青饲料，据了解，"鹿蹄草"对高血脂、高血压和糖尿病引起的视网膜炎及高血压引起的脑溢血都有较好的功效。

　　紫云花猪肌肉鲜红而细嫩，肉香皮糯，肌纤维细嫩，高蛋白、低脂肪、低热量，卵磷脂、谷氨酸等多种微量元素含量丰富，味道鲜美。除一般烹饪外，将筒子骨熬汤，猪肉做腊肉和香肠，味道更是别具一格。

紫云花猪（贵州省生猪产业专班　提供）

白洗猪（燕志宏 摄）

白洗猪：我洗得再白，看起来也是黑色的

　　白洗猪又称"苗寨猪"，是我国珍贵的地方猪种里最古老的品种之一。产于苗岭以北舞阳河、清水江水系一带，其中心产区在施秉县白洗、翁西及黄平县谷陇等地。这里的人们多以饲养母猪、繁殖出售仔猪作为家庭收入，在长期养猪过程中积累了丰富的种猪选择经验："一买头大门心旋，二买腰长脚杆粗，三买斑鸠鸡子眼，四买稀毛薄皮猪"，对后备小猪的要求是"尾巴细，耳朵薄，狮子头，羊子脚"。当地居民还喜爱被毛全黑的猪。白洗猪具有耐粗饲、早熟易肥等特点。

　　当地农户千百年来一直喂养着这一猪种，它还被列为国家二级珍稀保护畜种，在独特的自然环境中保存着良好、纯正的基因。白洗猪产区为清水江一带，为苗族人民聚居之地，地处偏僻，交通闭塞，成为一个相对闭锁的生产环境，因此，白洗猪很少有机会与其他种猪种进行"交流"。

从外观看，白洗猪的额部皱纹纵横，呈现出"王"字形，远看神似虎面，被不少农户称为"王头虎猪"。白洗猪体形中等，皮肤微红，头大小适中、较为方正，面部微凹，额部有不规则较深的皱纹，嘴筒粗，耳大小中等、向两侧下垂，背腰较平直，但经产母猪的背腰多下凹，腹大下垂拖地，臀部较倾斜，大腿多皱褶，多卧系。被毛黑色，少数个体于肢端或尾端着生白毛。

当地居民喜爱被毛全黑的猪，在长期自群繁育及苗族人民的精心选育下，自然形成了体形中等、母性好、基因纯、耐粗饲、早熟、肉味鲜美、胆固醇低等特点的白洗猪经济类群。

白洗猪是当地群众的当家地方品种，具有适应性强、母性好、早熟易肥、花板油多、肉质优良等特点。

施秉县中药材资源丰富，尤其以太子参最为出名，当地研究和发展中草药养猪，开发出系列养生猪，如太子参白洗猪、淫羊藿白洗猪等。生猪生产和中药材产业发生联动反应，带动更多农户走上致富路。

黔东花猪

黔东花猪是贵州省东南部的一个地方猪种，因其背部为黑皮、白毛分布不定型而名为黔东花猪。

黔东花猪养殖历史悠久，由本地猪与外来猪种结合形成。据《黎平府志》记载："明、清两朝黎平府统辖黎平、锦屏、榕江、从江等县及剑河、天柱等县的部分地区，此一带的少数民族为五代（公元 907 年—923 年）时楚王马殷自邕管（今广西南宁市）迁来""明洪武至永乐（公元 1368 年—1413 年）初在镇压当地少数民族的同时，曾大批移民至黎平府一带"。这两次移民中，牲畜也随之流入，这对黔东花猪的形成有很大影响。

黔东花猪（燕志宏　摄）

　　黔东花猪产区为云贵高原向湘桂丘陵过渡的地带，属中深切割的低中山地貌，土地肥沃，植被茂盛。由于产区地处偏僻，交通闭塞，饲养管理粗放，饲养量不大，交易范围小，在相对封闭的繁育环境中，逐步形成了早熟易肥、肉质细嫩、产肉性能良好、适应性强的黔东花猪，是一个较好的地方优良品种。

　　产区群众一般于春夏购入仔猪，"吊架子"至秋后进行催肥，春节前屠宰后制成腊肉和腌肉进行贮藏。对于母猪的选育有一定经验，农谚曰："头顶无旋眼睛明，耳大中等嘴叉深，四肢粗壮蹄结实，背腰平直花分明，腹部宽大不拖地，乳头明显相对称。"

　　黔东花猪是既保留了土猪肉的鲜美又有较高瘦肉率的一个品种，非常符合当今消费者的喜好。其脂肪带有浓烈的香味，肉的外面往往有一层筋膜包裹，肉质紧密，富有弹性，手指按压后立即复原。瘦肉与脂肪比例恰到好处，吃起来不柴不腻。

"肉色红润，略呈大理石状，无肉筋，油脂少，肉质瘦，鲜嫩多汁，Q弹爽口"是黔东花猪里脊肉的最佳诠释，它也是用来做糖醋里脊、小酥肉的不二选择。

关岭猪

养殖与传统习惯分不开。据清咸丰年间《安顺府志》记载："摇人……勤耕，不通汉语，以猪为聘。"当地迄今仍保留"冠婚丧祭"宰杀肥猪的习俗。当地群众素以饲养母猪、繁殖出售仔猪作为家庭收入。大量猪只通过产区内的原八大牲畜集散市场（关岭县花江、贞丰县牛场、贵阳市花溪、惠水县城关、平塘县牙舟、三都县水龙、麻江县虎场、雷山县桃山）相互交流，亲缘关系密切，加之分布地域连片，所处生态条件和饲养管理水平大同小异，形成了体形外貌、生产性能较一致的关岭猪。

关岭猪（燕志宏　摄）

黔南黑猪（燕志宏 摄）

　　产区群众历来重视选种，喜爱选择体躯上部为黑色，腹下、额心、尾尖及四肢下部为白色，嘴筒短、口叉深，前舱宽（胸深、肩宽），背腰长，屁股圆，腹大不松垮，四肢结实，系部有力的猪，认为此类猪易饲养、生长快；母猪要乳头多，"钉子奶"排列整齐；公猪要"子对称，性子刚"；还重视亲代选留种猪，有"就地选母，异地选公"的经验。饲养管理多为粗放圈养，习惯猪牛同圈，踩粪积肥，猪长期圈养在阴暗潮湿的圈舍中，冬冷夏湿，而对断乳仔猪、催肥阶段的育肥猪、妊娠及产后母猪则进行精粗料搭配饲养，较为精细。经长期选育和精心饲养，关岭猪形成了。

黔南黑猪

　　其历史久到无从考证。当地人喜欢养殖黑猪售卖以补贴家用，有每逢佳节要杀猪待客的习俗，而且还认为饲养黑猪吉利，招待客人和祭祖要用黑猪，以表示对客人和祖先的尊重，尤其是当地水族群众，无论是迎亲嫁娶还是祭祖祭神，都必须使用黑猪，忌讳用白色畜禽待客、祭祀。

纳雍糯谷猪

　　纳雍糯谷猪养殖历史悠久，喂养母猪、生产仔猪在市场上出售亦是重要的经济来源。纳雍糯谷猪饲养管理粗放，人们喜欢放牧饲养，猪们"爬山越岭，饮甘泉，吃百草，顺天道而生长"。因为纳雍糯谷猪的肉质好，产区居民冬季有自制腌肉和腊肉迎接农历新年的风俗习惯。另外，纳雍糯谷猪常作为贵州威宁火腿的原料。

纳雍糯谷猪（燕志宏　摄）

第六章

吃就对了！『二师兄』的贵州花样食疗

袁小娟 董 瑶 张文莉 陈秋莎

《国语·楚语下》云："大夫举以特牲，祀以少牢。"特牲指的便是猪。从古至今，猪是中国人不断花样翻新的食材。

明清时期，由于榨油坊的增多，食用油走向大众市场。铁锅也开始普及，炒菜不再像宋代那样稀罕而昂贵，这门烹饪技艺在民间得以迅速发展。于是，猪肉这种食材通过油与锅，在短短几十秒的烹制过程中呈现出更多的可能性，中国人开始了全新的味觉体验。因猪的用途最多，"宜古人有特豚馈食之礼"，被戏称为"广大教主"。清朝大才子袁枚的《随园食单》专列出特牲单：荔枝肉、芙蓉肉、八宝肉、锅烧肉、罗蓑肉……列了40多种，馋得人直咽口水。而贵州人对猪肉的制法，也有独到的理解。

中国人见面曾最爱问"你吃了吗？"，算是对彼此生活的关照。大概是因为相信美食具有强大的疗愈功能，中国人才对食疗如此绞尽脑汁。药王孙思邈在《千金要方》中曾专论食治，主张"为医者，当晓病源，知其所犯，以食治治之，食疗不愈，然后命药"。中国食疗追随者们奉之行事。

按图寻找贵州二师兄的花样食疗准没错！美食背后，沉淀了当地的历史文化。

且吃且听且养生，不亦乐乎。

端午节赤水蒸笼杂
静候一笼美好　　/　　袁小娟
—————————

　　对依河而生的赤水人来说，端午节是仅次于春节、可与中秋节比肩的"大节"。这一天下午，女人们的衣襟上挂了白色的茉莉花球，有的头上别着一枝红色的龙串花。孩子们的脖子上吊着刺绣精美的香包，或者背着长辈用红布一针针缝制的布猴子，去河边看男人们划龙舟竞技。晚上，一大家子人热热闹闹围坐一起吃蒸笼杂。

　　这个节日释放了男人女人们的热情和智慧，是小县城平淡无奇的生活舞台上一出百演不腻的戏剧。

赤水蒸笼杂（袁小娟　摄）

粽子、香囊、菖蒲，都是这个舞台五彩斑斓的装饰。

蒸笼杂的"杂"字，在赤水话里大致是"混合"的意思。一个"杂"众菜之长的蒸菜体现了家庭主妇的能干。在小县城里，节日家宴的操办是女人们的竞技主场，大菜的制作尤其关键。女人的声名远播往往就是靠这些在日常生活中迸发的智慧获得的。

在从东城门走到西城门只需不到半小时的赤水，毫不夸张地说，头一天做的蒸笼杂得到亲戚朋友的交口称赞，第二天全城人民都知道你行。

于是，女人们全力以赴，精细地拿捏分寸，为一笼口感兼具甜咸、荤素搭配的大菜殚精竭虑。

五花肉和猪排是蒸笼杂的灵魂，决定了整笼菜的色香味。天蒙蒙亮，女人们就起身去菜市抢最好的五花肉和排骨。赤水人把五花肉叫作三线肉，肥肉、瘦肉、再带点肥肉，是为三条线。做蒸笼杂的五花肉必须在"一线"的地方肥一点，油才多，才能恰到好处地滋润素菜。请卖肉的老板切得宽一点，蒸出来不会缩成一小块，影响美观。排骨肥瘦适中，骨节长一点，剁出来才齐整。　腌制五花肉和猪排的配方更是各家都有秘诀，一般用料酒、郫县豆瓣酱、姜末、花椒面、十三香、盐、油和鸡精等调料腌制好。

素菜多会选择红薯、洋芋、蚕豆和笋干等，这一部分也给家庭主妇们留下巨大的创作空间。搭配新鲜蚕豆时，爱动脑的女人们往往会放一些干豆瓣进去，增加嚼劲。素菜也要用同样的调料腌制好。

蒸肉粉（赤水人叫米面）都是自己做。赤水人相信，自己做才能掌握最佳的口感。虽然都是米加上调料（比如花椒之类的）磨成面，但是米的选择、调料的比例，都得自己去摸索。蒸肉粉要既有颗粒感又不粗糙，细腻又不失饱满。

做糯米饭需要提前泡发糯米，蒸好。糯米饭的搭配体现了主妇的细腻

心思。有的选择绿豆去火，有的会选择新鲜的豌豆或蚕豆以增加时令的清新感。

荤素都拌上蒸肉粉后，便是码菜进蒸笼。素菜放在最下面，码上糯米饭、排骨和五花肉。在一个多小时的大火蒸煮中，最上一层的五花肉的油会慢慢润泽排骨，润泽糯米饭，润泽素菜。要做出让人交口称赞的蒸笼杂，分寸的拿捏很重要。五花肉要软软糯糯，排骨要刚好能啃下来但又不是酥烂。软硬甜咸，一切，刚刚好。

一份蒸笼杂，搭配一碗飘着碧绿莴笋丝的白粥，配上几个爽口凉菜，赤水人的端午宴就做好了。

忙活了两天的女人安排一大家子老老少少高高兴兴过节，听到家人对自己厨艺的称赞，满足地笑着。男人们喝着酒，兴奋地谈论着划龙舟比赛的输赢。

端午节在蒸笼杂的香气笼罩下完美谢幕，也常常开启孩子们第二天的美好生活。

一大早，总会有孩子拿着爸爸划龙舟比赛获胜的奖品——白毛巾或者是一个印着"花开富贵"的搪瓷缸子去班上跟同学们炫耀。

还记得小学三年级，我的同桌是个瘦瘦小小的、脸色苍白的男孩子，他学习成绩不太好，也不太讲话。这年端午节的第二天，他甩着一条白毛巾冲进教室，绿色的帆布书包上还系着一条。他跳上讲台骄傲地大声宣布："昨天我爸抢到两条毛巾啦！他是第一名！""……还有一个脸盆，但我爸不让我带来。"

大家羡慕极了，围上去仔细欣赏、抚摸白毛巾，仿佛那是一块值钱得不得了的白玉，仿佛两岸的欢呼声还停留在上面。在陆路不方便的时候，赤水人靠水运走天下，水性好的人比比皆是。赤水的孩子三四岁时便在河里学游泳了。划龙舟比赛竞争自然异常激烈，这也是这个小县城里的男人们体现英雄气概的好时机。抢毛巾是个人凭借划船速度之快，去抢到的"红"。一根竹竿挂了白毛巾，率先划到此的人一跃而起，扯下白毛巾向大家挥手。获胜的鞭炮声响起，欢呼声掌声响起。一般能抢到一条毛巾已经算很不错了，获得脸盆则意味着参与集体划船获得了一等奖。

同桌的爸爸是个水手，常年不在家。这次终于赶在端午节前回来，拼尽全力完成儿子的心愿，也完成了妻子"一家人团团圆圆吃个蒸笼杂过节"的愿望。第二天一早，便又出船了。

没过多久，传来一条噩耗：同桌爸爸的船遭遇暴雨，在长江滚滚洪水中触礁。所有人都获救了，除了他爸爸。

赤水人的端午宴（袁小娟　摄）

同桌不相信爸爸会消失在水里，我们也都不相信。他爸爸可是水上的英雄啊！他抢到过两条毛巾，还获得了一个红彤彤的双喜脸盆。我们都排队去他家欣赏过。

堂屋里黑漆漆的，白天都要开灯。墙壁早已破损，东一块西一块露着泥巴和编的竹子架。可我们眼里只有破旧的老桌子上那个崭新的脸盆，它始终在记忆里闪闪发光。脸盆里面印了一行红色的字：赤水县龙舟竞技比赛纪念一等奖。那天，同桌骄傲而慷慨地让我们每个人都伸手去摸一摸那行字。一个女同学参观完回家，便哭闹着要爸爸去参加明年的划龙舟比赛。她爸爸还是我同桌爸爸所在单位的副经理呢。第二年，她爸爸也参加了几天训练，实在不如水手们技术好，便放弃了参赛。女同学因此伤心了很久。

在我们心中，同桌的爸爸真是个英雄啊，副经理都比不了。每年端午节，同桌都得意地昂起头说："等我爸爸回来了，肯定还能创造新纪录。"

他爸爸只是在大城市里迷路了。陆地上的大城市，路七弯八拐的，哪像我们门前的赤水河一条道顺流而下啊。灯突然变红又突然变绿，一会儿叫走一会儿让停，太复杂了。

一定是。

小学毕业了，我们相信，他爸爸有一天会回来。

初中，我们考进不同的学校。有次在十字路口遇到他，我习惯性地问："你爸爸回来没有？"

他拎的白色网兜里装了个足球。笑嘻嘻踢了足球一脚，说："还没有呢……应该快了吧。好几年了，他应该快找到回家的路了。端午节他肯定会回来吃蒸笼杂的。我爸说，我妈做的蒸笼杂是全城最好吃的。"

后来，小学同桌外出打工了。我再也没有遇见过他。

这些年来，我走过山山水水，到过无数城市，常常想起那个红色脸盆，我始终相信：有一天，他爸爸总会找到回家的路，哪怕白发苍苍、挂着拐杖。终有一天，他会风尘仆仆地推开家门，高兴地说："蒸笼杂已经上桌了啊，太好了！赶上了赶上了……"然后一家人团团圆圆、热热闹闹地过个节。

他，只是迷路了。

但生活的美好，一直在耐心地静候着他，以及他的家人。

盘县火腿
历久弥新的家乡味道 / 董 瑶

盘州，历为贵州西门户，素有"滇黔锁钥"之称。

20 世纪 90 年代末之前，盘州还叫盘县特区，我的家乡城关镇，是当时的县政府所在地。在家乡，有一种时间与气候造就的美物——火腿。每年霜降到次年立春，是腌制火腿的最佳季节，一年四季，火腿都是餐桌上必备的佳肴。

盘州双凤古城（董元魁 摄）

火腿与家人

记忆中，妈妈是家族里公认的"大厨"，每每长辈过生日或是节日聚会，妈妈都会被委以重任——掌勺。这个时候，她就会带着我穿梭在琳琅满目的菜市场选购食材，她不会货比三家讨价还价，总是认准了相熟的摊贩，选好付钱即走，耿直爽朗。

在家乡，火腿是家宴中不可或缺的"主角"，如同北方人过年的饺子。那时，妈妈常购买张家的火腿，卖火腿的嬢嬢见了我，总会微笑着从她摊上最好的部位切上薄薄的一片给我品尝（上好的火腿是可以直接吃的），我便一边咀嚼一边听她介绍，"这是腌制一年的"，"这是腌制三年的"，问妈妈今天要炒还是炖，再拿合适的部位。过秤后，嬢嬢熟练地用报纸把火腿包好、装进塑料袋，这个时候，我的火腿片也刚好享用完，接过打包好的火腿，一边舔一舔手指上火腿的余香，一边拉着妈妈颠着小步回家准备聚会。

火腿与故乡

通常来说，炒火腿是家乡最常吃的做法，喜欢干香口感的用干辣椒炒，喜欢鲜甜一些的用新鲜红辣椒炒，也可以配折耳根、木耳或是蒜薹，妈妈一般喜欢用新鲜的红辣椒，她说这样能更好地中和火腿的咸，而且要选择半肥半瘦的后腿，肥肉爆炒出的油脂能让火腿鲜上加香。对于炒火腿的诀窍，妈妈有一个"秘密武器"，那就是甜酒（醪糟），做菜往往会用白糖提鲜，但做火腿一定要用甜酒，增香提鲜，回味无穷。

火腿鸡枞菌汤也是当地的一道名菜。野生鸡枞菌娇贵，出土 12 小时后香味就会大减，过夜就会变质。每到雨季来临之际，喝上一口火腿鸡枞

↑ 切火腿（董瑶　摄）
╱ 盘县火腿（董瑶　摄）

菌汤，从口暖到心、从舌尖香到鼻腔的感觉，就是沁人心脾的幸福。

还有血豆腐蒸火腿、芸豆炖火腿脚，以及各种火腿月饼、渣面粑、糯米鸡等火腿制作的小吃，家乡的火腿美食，吃一个月也不会重样。

火腿与传承

丰盛的火腿美食，源于盘州制作火腿悠久的历史。

据《普安厅志》记载："早在元朝时期，每年冬至到立春期间，气温较低，老百姓把宰杀后猪的后腿放在木板上，用盐水浸泡，堆放 10 天左右，晾挂烘干，半年后，就成为香味俱佳的火腿。"

清初，据《盘县县志》记载："黔境平乱，普安厅火腿走销云南。"道光年间《贵阳府志·风物》记载："贵阳以西数百里，普安州盛产火腿。"说明当时省城贵阳已经普遍销售盘县火腿。

盘州四面环山，冬无严寒，夏无酷暑，海拔 1600 米，年平均气温 14.1℃，年降雨量 1400 毫米，无霜期 268 天，是一个天然的微生物温床。整个盘州就像一个天然的火腿作坊，这也成了盘州火腿独特风味偷不去的秘方。

作为土生土长的当地人，盘州市恒泰火腿加工厂厂长张英，和火腿打了大半辈子的交道。张英说，祖祖辈辈做火腿，她要做得更好。制作火腿的生猪最好选用本地喂养 1 年以上的生猪。生猪腿要选择猪后腿，因为猪后腿上的肉，肉质紧实，肥肉臻白油亮，挑选猪后腿有"三不要"原则：有破损的不要，有瘀血的不要，种猪、母猪不要。一般 30 斤左右的猪后腿最适宜用来制作火腿。这些猪腿经过修割整形、腌制、堆码翻压等多道工序之后，再风干 1 年，就成了正宗的盘县火腿。

2012 年，盘县火腿成功申报国家地理标志产品，成为继浙江"金华"、云南"宣威"之后的中国第三个取得"国家地理标志产品"的火腿品牌。

火腿与盘州，有 600 年的不解之缘。

600 年后的今天，更是历久弥新的相知相守。

青岩猪脚

贵阳女人都爱的大猪脚子 / 张文莉

　　中国人对吃，是十分热爱且颇有研究的，能研究到什么程度呢？

　　天上飞的，地里跑的，水中游的……但凡是能在地球上喘口气儿且无毒的，好像都可以成为腹中餐。

青岩古镇是品尝猪脚的美食天堂（张文莉　摄）

如果要给中国能吃的动物们出一本《中国生存指南》，那么猪，一定是第一个最没希望活着离开的动物。

毕竟猪走南闯北，从上到下，从里到外，处处展露出美味的"天赋"。

绝

贵州人十分擅长制作猪肉美食，其中，在"全国最好吃的21只猪脚"里，贵阳的青岩猪脚榜上有名，堪称贵州界的"国民猪脚，人人'啃'定"。

如果青岩古镇要有一个别称的话，可以叫作"美食天堂"，如果要给这个别称加个后缀，那可以叫作"美食天堂之猪脚帝国"。

来青岩古镇的一般有两种人，一种是贵阳本地人，一种是外地游客。

贵阳人："我不是来看风景嘞哈，我目的很明确，就是来青岩啃猪脚、喝冰粉的。"

外地游客："听说青岩古镇的猪脚比风景还有意思，一定要啃上几只，才不虚此行！"

沿着青岩古街走去，临街主打猪脚主题的餐馆一个接着一个，各家招牌上都写着"特色卤猪脚"。

若是第一次来还不了解的人，还以为走进了"猪脚批发小镇"。

当你经过经营卤猪脚的小店时会惊奇地发现，店名不是"张姨妈"就是"李姨妈"。从当地人那里得知，在青岩古镇吃卤猪脚，要吃心灵手巧的姨妈做的，这是当地的一个民俗。我猜想，也许"姨妈"做的才是最好吃的吧。

在青岩，没有一只猪能拥有完整的四蹄离开，每一只猪都能"死得其所"。

就像没有一只兔子能活着蹦出成都，就像没有一只大闸蟹能活着度过上海的秋。对于青岩猪脚，以上，同理可证。

青岩古镇（杨昌鼎　摄）

青岩猪脚入口软糯，齿间留香（张文莉　摄）

卤

为什么青岩猪脚好吃？答案就在那一锅卤水里。

卤水的终极奥妙在于肉、油脂和香料三者的微妙平衡。猪脚提供基调和鲜味，丰富的香料提供层次感，卤出来的油脂将两者的精华"融会贯通"。

一大锅卤水中，香料就有几十种，堪比少女复杂的小心事，每一件都看似微不足道，却又扣人心弦。据说，青岩卤猪脚还用了 10 余种名贵中药入味。

八角、香叶、肉桂、陈皮已经可以建立最小的"卤味识别系统"，白豆蔻和草蔻一类的香料，香味一强烈一低沉，可以根据自家的秘方进行选择。

卤，其实最讲究"和味"，即五味调和，并没有一个特别突出的主味，但是每个味道都能融合其中，形成复杂、醇和、纯粹的味道，这样的味道可比作不偏不倚的中庸之道。

青岩猪脚所用的卤，往往是咸鲜口味的，味道层叠交错，鲜香不疾不徐，不会齁咸，也不腻口，有种让人味蕾一惊的魔力。

如果香料味过重或太咸影响鲜味，破坏层次感，太甜太油则风味不佳。青岩的卤水不像红油卤汁那般厚重，却也不似广东卤水那种甜腻，更多的是一种深邃的"浓郁卤"。

猪脚制作全靠焖制，先大火烧开，再文火焖炖，经过足足几个小时的卤制后，鲜香早已入骨入髓，香醇入味，又颇有韧劲，吃到骨头筋肉相连的地方，非得费一番功夫才能啃下来，如果塞到牙缝里，则少不了牙签的帮忙。

卤过猪脚的卤水，还可以卤鸡蛋、鸡爪、豆腐、土豆、海带，卤素菜里还带着肉的鲜香，简直不要太好吃。

啃

卤好的猪脚在青岩古街店门口的大锅里咕嘟咕嘟地煨着，香味四溢，捞出来的猪脚，被堆得高高的。

吃猪脚的秘诀是一定要直接拿在手上啃！这样才得劲，千万不要有"偶像包袱"。

"端庄"是什么？对于爱吃猪脚的贵阳女生来说，根本不存在。

如果是第一次和心仪的男生约会，想表现出"小家碧玉"的风采，还是换成西餐或炒菜更合适。

不能拿在手里啃的猪脚是没有灵魂的，有欠文雅的"啃"，才是"正道的光"。

手握猪脚，先用门牙咬开外皮，分开骨肉，慢慢扯下来，嘴里感受到皮的爽滑、筋的柔韧与肉的鲜嫩，风卷残云，啃到盘子里一块不剩，意犹未尽之时，才发现面前已摆起一小堆骨头。

青岩猪脚在最大程度上展现了"大口喝酒，大口吃肉"的饮食豪气。在青岩，姨妈们并没有把猪脚做得很有"南方气质"，更不会在出盘前拿出葱花、黑芝麻作为点缀。而是将整只猪脚做得朴质却豪迈，满满一大盘端上来，让食客敞开肚皮吃肉，旁边再配上一碗特色玫瑰冰粉，那滋味真叫一个绝。

伴

每一只青岩猪脚都有自己的"固定伴侣"，至死不渝，它就是贵州独有的蘸水，俗称"辣椒水"。

吃青岩卤猪脚不能着急，一定要配以姨妈们的秘制辣椒水，辣椒水一般是由糊辣椒、酱油、醋、葱花、木姜子油等调味品调制而成。辣椒水是啃猪脚必不可少的点睛之笔。

把卤猪脚蘸些辣椒水，放入口中，只觉肥而不腻、皮糯肉香，卤肉特有的滋味与酸辣的蘸汁混合在一起，一口下去，都要大呼"哇塞"！

史

"满城尽是大猪脚子"的青岩古镇，最开始靠姜文、宁静主演的电影《寻枪》引来无数人打卡，后更是因为卤猪脚而名声大噪。

关于青岩卤猪脚，还有一段历史。

相传在清朝时期，贵阳青岩赵以炯为上京赴考，常温习功课至深夜。某天晚上觉得肚中饥饿，便走到北门街一夜市食摊，点上一盘卤猪蹄作为消夜，吃完之后对其味道赞不绝口。

摊主听后上前说："贺喜少爷。"

游客慕名而来（杨昌鼎　摄）

　　赵以炯问："何来之喜？"

　　摊主不失时机地解释道："少爷，您吃了这猪蹄，定能金榜题名，
'蹄'与'题'同音，好兆头啊！"赵以炯听后大笑，但并未放在心上。

　　不日，赵以炯上京赴考，果真金榜题名，高中状元，成为云贵两省自
科举以来"以状元及第而夺魁天下"的第一人。回家祭祖时，赵以炯还重
礼相谢摊主。

　　明清状元大多出在江南地区，而于今第一位大魁天下的状元却是贵阳
青岩的赵以炯，这对被世人视为蛮荒之地的贵州来说，确实是一件了不起
的大事，使得当时的人们对贵州文士刮目相看。

　　此后，卤猪脚便被誉为"状元蹄"，成为赵府名菜，后经历代家厨相
传，成了古镇一大美食，并流传至今。

青岩猪脚也称"状元蹄"（张文莉　摄）

美

猪脚美容这件事，在中国有着上千年的论证史。

东汉时期，医圣张仲景就在他所著的《伤寒论》里记述过一味"猪肤汤药"，称取带皮猪脚一斤、水一斗，加白蜜、米粉同煮，熟后温食，可"和血脉、润肌肤"。食用猪脚可以通血脉，肤色也就跟着变好了。

不少爱美的女性都用猪脚来美容，十分信奉猪脚里的胶原蛋白能让自己的皮肤更紧实、光滑、有弹性。

确实如此，猪脚中富含胶原蛋白，它具有良好的亲水性，一定量的这种成分作用到真皮层上，可以锁住胶原纤维中的水分。

皮肤就如同一座高塔，水分如同混凝土，猪脚中的胶原蛋白会在一定程度上起到辅助调节皮肤的作用，但大多数还是会被胃和小肠吸收。所以，吃猪脚只能起到轻微改善肌肤的作用，解馋倒是真的。

当黏糯糯、滑溜溜、软唧唧的青岩猪脚，披着一身"好吃即正义"的闪闪荣光，一入贵州美食江湖，便能让你俯首臣服。

贵阳肠旺面
一碗"好戏"的C位是它们 　/　 张文莉

不少外出的贵阳游子曾这样说:"我在外省工作、成家,最怀念的就是家乡的那一碗面。"的确,每个人的记忆深处,都有一碗家乡的面,它被赋予了家乡的风味、颜色和文化内涵,甚至从某种意义上来说,这碗面就代表了家乡的味道。

肠旺面之于贵阳,正如炸酱面之于北京、牛肉面之于兰州、热干面之于武汉。起床的信号不是手机闹铃,而是面馆汤锅里沸腾的咕嘟声。

贵阳肠旺面(杨昌鼎　摄)

叫醒你的不是梦想　而是一碗肠旺面

"老板，一碗肠旺面，加豆腐加鸡蛋，不要葱。"

许多老贵阳的一天，是从一碗有烟火气的肠旺面开始的，虽不是什么山珍海味，味蕾却很满足。

一碗上好的肠旺面，盛放在碗中，远远就能闻到一股油香，香味隐藏在面条与面条的缝隙中，红红的汤底，细黄的面条筋道爽滑，翠绿的葱花，再加上亮晶晶、明晃晃的浇头，还没动筷子，心就已经醉了。

我经常能在贵阳街头巷尾那些油腻简陋的木桌上看到，爽朗的大汉、时尚的白领、耄耋的老人，他们一个个扎进面碗里，呼哧呼哧，大汗淋漓，满嘴红油。

顷刻间，一碗面就见了底。

在贵阳人的心中，肉末粉、糯米饭、油条包饼都可以在家附近随便对付几口，可是肠旺面必须吃正宗的，因为它是贵阳美食的灵魂。贵阳虽然不是面食之乡，但贵阳人对于肠旺面的偏执和固执，几乎高于其他小吃。

如果你想吃一碗地地道道的肠旺面，那你不仅得起早，估计还得排队。

贵阳南门口肠旺面是排队最"凶"的一家面馆，大清早一开门就排着长长的队伍，到了饭点，没点排队的耐性都吃不上这碗面，人超级多。想在店里坐着吃口面，那可是"一位难求"，没位子坐的客人，驾轻就熟地端着碗蹲在店门口吃起来，丝毫不觉得尴尬。举止优雅的白领，竟也全然不顾形象，穿着精致的小高跟端着碗站在店门口吃起来。看来，这碗面的魅力不容小觑。

这是十分常见的情景，也是这条街热闹的模样。

蒋家肠旺面深藏在居民楼里，在一楼的空地搭了个雨棚，做了个小院

贵阳本地人非常喜欢清晨吃一碗肠旺面来唤醒肠胃（张文莉　摄）

子。到了饭点，会有很多食客如山洪般涌进来，如果是结伴而来，朋友之间会心照不宣地进行明确"分工"，一个去排队等面，另一个则去舀酸萝卜泡菜和占座位，不然就只能站着吃了。

　　店内摆了很多老旧的桌椅，一看就很有年代感，据说他们家才开业的时候，肠旺面才三毛钱一碗，可以想象开了多少年。招牌也很有特色，黑底金字看上去特别显眼，估计用了许多年一直没换，看着很陈旧，还有小时候老面馆的感觉。他们家的营业时间是早上六点半到下午三点，所以说只能来吃早午饭，晚餐想吃肠旺面的话，只能换别家了。

　　如果你也曾吃过这样一碗面，也许你就能够明白，为何贵阳人对这碗看似普通的面却有着如此深厚的"执念"了。

肠旺面有它们才"常旺"

"肠旺"寓意"常旺"，吃肠旺面，讨个好彩头。

肥肠干净有嚼头，血旺软嫩无异味，脆哨油脂丰盈，面条筋道弹牙，红油香辣、不腻不闷，葱花丰富，豆芽清新……以上种种，都是贵阳肠旺面江湖的准入门槛。

肠旺面的外观，乍一看有点像泡面，秘密在于和面时加入了鸭蛋，增加脆性。面条整体偏黄，口感好，不易坨。与碗里的其他角色相比，面条更像是刚直的男主角，硬朗而利落。

煮面的过程也十分考究，正宗的肠旺面绝对是一碗一煮，绝对不会把几坨面混在一起煮。滚水烫煮，长筷上下翻动防止面条打结，熟至七八分时刚刚好，捞起之后迅速将面条放入汤碗中。

除了面条之外，还有肥肠、血旺和脆哨，它们浓烈而妖娆，就像是围绕着脆面的三个女主角。

首先是肠旺面里的"肠"，猪肥肠越肥越好。制作的难度在于彻底清洁，需要清洗多次才能有效去除腥味。

在传统的面馆里，肥肠的第一遍清洁要加面粉来洗，将肠壁的黏物揉净，洗完在沸水锅里汆，接着再捞出洗第二遍。这一回要用到盐和醋，反复揉搓，洗净后把肥肠和花椒、八角等调味料一起入锅煮至半熟。之后才捞出肥肠切成块，与老姜、葱结等文火慢炖。

蒋家肠旺面馆老板告诉我，好肥肠的标准是"㸆而不烂"，㸆代表软，理想的肥肠状态应该是软中带糯，不能太绵嚼不烂，但也不能太烂没嚼头。

另一个肠旺面中的"旺"字代表猪血。吃血这事不管在哪里，貌似都带着一丝生猛、凶残的味道。

然而，贵阳肠旺面里的血旺吃进嘴里时你会惊呼："好嫩！"

肠旺面是许多贵阳人"过早"的首选,肠子和血旺是无数人的心头好(张文莉 摄)

　　听我外婆说,贵阳人把血旺分成薄皮旺、嫩旺和老旺,老旺是全熟的猪血,薄皮旺是最生的血旺,只是轻轻地在水上一烫,外面形成了一层薄片,爆开之后里面仍是浆状,嫩旺是处在半熟状态。现在出于卫生和健康方面的考虑,除老旺之外,其他血旺在餐桌上出现的频率没有那么高了。

再来就是脆哨了，脆哨是"半路上车"的，它比肥肠和血旺的"资历"都晚，也没赶上肠旺面取名字的时候，可是风头却强劲得很。你可以不爱肥肠，不爱血旺，但没有哪个吃肠旺面的人会说自己不爱脆哨。

传统的脆哨用的是猪槽头肉，现在经过改良，改成了猪五花肉。炒脆哨比做血旺和肥肠更考验技术，它非常倚赖火候与调味技术，而炒制过程绝对是一个既漫长又富有挑战性的工作。

一场旷日持久的喜爱

据记载，贵阳的肠旺面最早出现在清光绪年间。相传贵阳一位姓舒的人到农村看望朋友，遇上寨子中有人杀猪，朋友便邀约他一同前往帮忙，顺便凑个热闹。

在吃猪血粥时，由于舒姓人从未吃过，感到腥味较重，不太适应，主人家考虑到他是远客，便另煮了一碗面条，同时放上了一些猪肠及血旺。在当时的贵州农村，面条是一种贵重食品，一般都是逢年过节时才煮上一碗，没有像现在这样把面条作为一种日常主食食用。

舒姓人吃了这一碗面后觉得很新鲜，颇有一番风味。他想不到农村人用猪下水料能做出这样一种风味独特的面条。这就是肠旺面最早给人留下的印象。

回贵阳不久，舒姓人按捺不住对那碗面条的想念，便在北门桥（现在的喷水池一带）开设了一个小面铺，专卖肠旺面。刚开始时，由于人们对下水料的顾忌，再加上店小，生意不是很好。

后来，舒姓人对肠旺面的佐料进行了改良，增加了辣椒、脆哨、葱花。想不到这一加，使肠旺面的味道大大改善。再加上价廉物美，很快就在百姓中赢得了好口碑，食客也越来越多。

不过，当时的食客大多是一些马夫、轿夫、小贩、衙役等生活在社会底层的民众，而上流的达官贵人、公子小姐对其是不屑一顾的。

就这样延至清末民初，舒姓人由于生意兴隆，逐渐扩大了门面。用猪骨头熬制高汤，把原来的辣椒末改为辣椒油，加上葱花一类的小料，让肠旺面"换颜"，由此奠定了肠旺面红而不辣、油而不腻、脆而不生的今生"轮廓"。

肠旺面之所以能独具一格，不仅因为它滋味浓郁，还因为一碗面中的肥肠、血旺、脆哨，最开始的出身皆"卑微"，都属于底层逆袭的"草根英雄"。

一碗哨脆、肠肥、血嫩、面弹的肠旺面一下肚，迎着东升旭日，一人一城一山的一天，才算真正开始了。

贵阳脆哨（张文莉　摄）

脆哨
嵌在贵州美食皇冠上的"红宝石"　　/　张文莉

　　每个省份都有自己的独特味道识别"二维码"。它们也许细小不起眼，却浓缩了一方水土的精华。

　　贵州是什么味道？也许你想说是折耳根的味道，这也不假，但如若要用一道荤菜来表达的话，脆哨一定申请第一个出战，它是最有贵州味儿的细节。

　　简单来说，脆哨，就是"油炸猪肥肉"。所以，脆哨也可视作"猪油渣PLUS"。

脆哨与我的"恋恋童年"

小时候，我家还住在普通的步梯楼，若串门碰见邻居在熬脆哨，那醇香的味道飘窜到楼里的每一个角落，我一个小孩子怎能抵御如此诱惑？整个人黏在邻居家门前，透着纱网不停往里望，根本挪不开脚，只想对邻居奶奶说："我今晚能去你家吃饭吗？"

脆哨不仅美味，还易携带。那时候，和父母坐绿皮火车去北京得30个小时，买到卧铺是小概率事件。硬座票的车厢环境并不好，但十分热闹。坐在如此喧闹的火车里，想要看书解闷是不太可能的了。这时候，妈妈从旅行包里掏出一袋脆哨，在大家昏昏欲睡却无法睡着的情况下，显得格外"提神"，轻咬一口，油脂漫在齿间，肥肉提供着充盈唇齿的莹润，肥而不腻，越嚼越香，在疲乏的旅途中，看着窗外变幻的景色，那感觉甭提有多惬意了。

有一部电影叫《恋恋风尘》，讲述了一段爱情故事，我觉得将这个词用在脆哨和绿皮车上是十分恰当的。脆哨，正是我童年绿皮火车的"恋恋风尘"。随着交通路网的发达，现在就算是想坐30个小时的绿皮火车也难了，但绿皮车上的那些童年瞬间，倒是记忆犹新。

长大些，妈妈特别喜欢带着我逛老百货大楼，逛完之后，几乎每次都会去丁家脆哨买一斤拿回家。听我妈说，有一次她让我和我爸两个人提着脆哨等她再买点其他的东西，我和爸爸站着无聊，就打开脆哨袋，他一颗我一颗地当零嘴吃，不过半小时的工夫，脆哨就被消灭了一大半，被我妈发现后好一顿臭骂。

可见，脆哨就是如此"鬼扯手"的美食，好吃到根本停不下来。

吃脆哨是贵阳人的一件大事

据说在以前，脆哨常用肥多瘦少的"槽头肉"，也就是猪后颈肉制成，现在随着生活水平的提高，慢慢选用五花肉代替了。

首先要将肉均匀切成大拇指般大小的肉丁，用大火将锅烧热以后，放入肉丁不停翻炒。等肉丁出油六成半左右，将火调至小火。边翻炒肉丁边均匀倒入甜酒酿，翻炒至出油八成时，将提前准备好的白酒、酱油、陈醋等调味品，均匀喷洒到肉丁上，再不停翻炒几分钟后起锅。一番功夫下来，一锅色泽艳丽、咸香脆口的脆哨就做好了。

相传"哨"字其实是别字，本字当作"臊"，由于贵州话平翘舌不太分得清楚，哨与臊读音一样，"臊子"逐渐演变为"哨子"，沿袭至今，成为脆哨。

无论是"臊子"还是"哨子"，脆哨都已脱离了普通臊子的队伍，独领一片风骚。

在贵阳小十字民生路，有一家40多年的老店，每天早上七点就开门熬脆哨，准备迎接客人，就这样日复一日，一晃眼，就经历了三代人。

这家老店就是在贵阳非常出名的丁家脆哨。

丁家脆哨老板介绍，脆哨和油渣不同，必须用上好的五花肉熬制，丁家一直延续着自家的传统，用甜酒酿炒制，不用放酱油。所用的甜酒酿也是用上好的糯米专门制作的，绝不在制作过程当中放其他多余的东西，保证脆哨最鲜香的口感，就是为了留住顾客们心中那一份不曾改变的贵阳老味道。炒锅师傅朱大富说："在丁家脆哨干了10多年，一直都是负责炒锅，我整个操作都是用手工，绝对不用机器。"他们一直坚信，只要配方不变、初心不变，丁家脆哨就永远是老贵阳的记忆。

贵阳市民喜欢早上来购买刚出炉的新鲜脆哨（张文莉　摄）

↖ 脆哨和贵阳糯米饭是绝配（张文莉　摄）
↑ 脆哨炒饭（张文莉　摄）

铁打的脆哨　流水的CP

脆哨在贵州美食里的地位，正如吴孟达之于周星驰，作为黄金配角贯穿在每一道贵州小吃和家常菜里。既能单打独斗，也能和其他食材浑然天成地"组CP"。

在贵阳的每一个清晨，糯米饭小车常常出没在这个城市的各个交通路口，勤劳的嬢嬢们围上白围兜，推着小车将热气腾腾的糯米饭送到街头，与每个饥肠辘辘的贵阳人相遇。

嬢嬢先从比家里脸盆都大的铁锅里，挖出一坨用猪油蒸好的糯米饭，扣在干净的毛巾上，再用勺子在这坨结结实实的"能量团子"中挖出一个坑，填入白砂糖、辣椒、土豆丝、酸萝卜、折耳根、花生米等等。

待以上素菜"入主中宫"，嬢嬢再极其"谨慎"地舀上一小勺脆哨放入。脆哨之于糯米饭，颇有一种众生皆醉我独醒、"大家皆素，唯我独荤"的感觉。

再则，脆哨的精髓在于口感油脆，混在黏糯的糯米饭里可以保持口感的平衡，如同埋好的一颗颗"彩蛋"，时不时嚼到，口齿间就会爆发出独有的香气。

脆哨恋上炒饭，点亮生命中的平平无奇。

平日里，几乎所有家庭都会面临一个终极问题——剩饭咋办？粒粒皆辛苦，为了不浪费粮食，需要既省心省时还好吃地把它们"消灭"，该怎么办？

一锅炒了吧！

隔夜的饭，没那么容易下咽。撒一把脆哨，平平无奇的剩饭顿时改头换面。吃炒饭变成一场趣味横生的寻宝游戏，把脆哨送进嘴里，只觉得油脂噼啪炸开，肉香弥漫。原来口感平淡的炒饭里，还埋藏着这样的惊喜。

"被猪油蒙了心"这句俗语何时流传已无法考证。但是透过这句话，我相信，创造猪油蒙心这话的人，必是个资深吃货，深深明白猪油香浓，足以蒙蔽一个人的心智。

猪油都如此之香，脆哨不得香到飞起？

每到夜深人"饥"时，炒一碗让自己"蒙了心"的脆哨炒饭，何尝不是一种生活情趣呢？

贵州人到底有多会吃脆哨？

贵州的美食江湖里，脆哨还可以做拼盘用，土豆片、花生、阴辣椒用滚油炸过，搭配脆哨，满满地装一大盘，下酒太"安逸"。

还可以作为蘸水里的配料，在辣椒水里添加脆哨可大大提升美味程度。搭配丝娃娃的吃法，在秀气里又透着一丝豪气，带给人的满足绝不输大餐，顿时生出一种欲拒还迎的微妙口感，让嫌弃"组装"丝娃娃麻烦的男生，都变得"勤劳"起来。

一碗贵阳特有的酸粉，怎么做才能变好吃？万能的脆哨出现了，只需要一把脆哨，就可以让一碗酸粉变得"和颜悦色"。酸粉中的"酸"中和了脆哨的油，两者相辅相成，既安抚了味蕾，又暖饱了肠胃。

一个经营红酒多年的叔叔来找我爸唠嗑，红酒的"下酒菜"，不外乎是坚果、西式火腿一类的。某天叔叔携酒来家，我爸实在找不出合适的下酒菜，就拿出一袋脆哨，叔叔吃了一颗后惊呼："老张，有你的啊，这玩意儿配红酒，绝配呀！"

从此，"灵魂一口"的脆哨，成了那位叔叔喝红酒的好搭档，可谓"中西结合、珠联璧合"。

贵州人对脆哨的热爱深入骨髓，脆哨无疑是"万能之神"。贵州人充分发挥黔菜丰富的烹饪手法和多变的味型，将脆哨衍生出各种各样的佳肴。

你永远不知道，脆哨未来还会以什么新奇的模样出现在贵州人的餐桌上，实在令人期待。

织金人做猪肉
只有想不到没有办不到　/　陈秋莎

———————

九队头是织金县城里一条窄窄的小街，再平凡不过。而它又叫卖肉巷，因为整个县城大部分卖肉摊都集中在这里，每天在这条巷道里摆设的肉摊，少说也有二十案。杀猪户也主要集中在这条巷道里。

几年前，表妹交往了一个男朋友，姨妈问小伙家住哪里，小伙回答九队头，姨妈继续问道："你家里是杀猪的吗？"小伙点了点头。此后的几年里，在姨妈家总能吃到香喷喷的猪肉。

"老板，两斤猪肉打肉末。""老板，称一斤夹层肉打肉丝。"记忆里，清晨的九队头总是人头攒动、人声鼎沸。猪肉是否只有肉末和肉丝两种存在方式呢？细细想来，织金人向来喜好将猪肉切至细小再烹饪，鼓捣起猪肉来格外温柔细致。这和织金男人大口喝酒、女人声如洪钟的彪悍形象实不相符，倒也多了份俏皮的反差萌。

让猪肉媚骨于百蔬　成当地小硬菜

"织金"地处贵州山峦间，乌江上游支流六冲河与三岔河交汇处的三角地带。在黔中枢纽的黄金宝地上，冬无严寒，夏无酷暑，地绿天蓝，人杰地灵。可缺了江水拂面，加上少数民族人口居多，吃不到水产和牛羊肉，猪肉就成了桌席上的主角。

豆腐干炒肉丝、香菇炒肉丝、芹菜炒肉丝、萝卜丝炒肉丝……在织金的小餐馆里点菜，这些有肉的就算硬菜了。别看这些菜貌不惊人，实则火候准确、调味讲究，猪肉香与蔬菜香相得益彰，再搭配个酸菜，两三碗饭不在话下。

最近在贵阳突然蹿红的"地摊火锅"，在织金就是一道家家户户轻松出炉的家常火锅罢了。将猪肉剁成肉末备用，热锅加油，煸炒葱、姜、蒜、豆豉、辣椒，炒出香味后再加入肉末一块翻炒，之后加水和调料，一个织金家常火锅的锅底就做好了。织金人不会给这种火锅配备很多配菜，最常搭配的就是蔬菜、土豆和豆腐。因为光是舀上一勺汤里的肉末来拌饭，就又是扶墙走的"大结局"。

贵阳流行的地摊火锅主要是以本地猪肉现炒为招牌（张文莉 摄）

↑ 贵州人吃火锅必点用猪肉制成的软哨（张文莉　摄）

↗ 贵州人的宴席中少不了肥瘦适中的猪肉制成咸甜口味的夹沙肉（张文莉　摄）

　　织金人管这类火锅叫"合菜"，除了上述做法以外，织金人还会将吃剩的豆腐干炒肉丝、香菇炒肉丝等回锅加热，加入少许水和调料，制作成火锅食用。既不浪费，也省时下饭。综上所述，织金人有理由怀疑，"地摊火锅"就是"合菜"的网红版。

　　我们一家四口现长住贵阳，每次回到织金，爸妈总会去九队头买些猪肉让我们带回来，说是价格比贵阳便宜，肉质也更香些。再去将军街买些辣椒和豆豉，回家就是一屋猛烈的乡愁。

　　不难看出，织金人的饮食习惯虽粗狂，口味也偏重，但对待猪肉却格外"温柔细致"。在织金人的餐桌上，猪肉是绝对的C位担当，却少有大块吃肉的景象，好像在织金人的吃肉观里，猪肉越细碎，吃起来越有味。

让猪肉有了富贵相　八仙来帮忙

八仙桌上满珍肴，猪八戒拆散了往里包。

织金当地一名菜在商海沉沉浮浮，如今跃上潮头，声名远扬，成当地城市名片，那就是织金水八碗。

据说，水八碗源于民间传说。相传，吕洞宾、铁拐李、何仙姑、张果老、蓝采和、曹国舅、韩湘子、汉钟离"八仙"云游四海时，驾祥云一路从北向南，经过织金地界，见织金河谷地带绿意盎然、云烟氤氲，一改黔地之荒凉景象，便按下云头，化作百姓走进茅屋草舍。但见百姓生活清苦单调，饮食极为粗疏。八仙于是分工在四周山上采来可食的竹荪、木耳、香菇等山珍，创造性地把各种荤素菜相互搭配，煎、煮、烹、炖、炒、调，做出了一桌桌丰盛的宴席来大宴四乡八邻。

八仙走后，织金老百姓学会了八仙制作宴席的方法，每逢重大节日、祭祀活动等都用这种宴席来招待四方来宾。为纪念八仙授艺，特取名"水八碗"，于是形成了今天流行于织金的八大碗菜系。八个菜式是以八仙的名字来命名的，分别是：曹国舅烹蹄筋、吕洞宾薏仁米、汉钟离炖老鹅、蓝采和黑峰圆、铁拐李飞蛾蛋、韩湘子牵肠肚、张果老八宝饭、何仙姑酿鸡茸。

而八道菜中，曹国舅烹蹄筋、蓝采和黑峰圆、铁拐李飞蛾蛋、韩湘子牵肠肚四道菜均用到了猪肉作为主料。

在我的记忆里，红白喜事的宴席上都少不了水八碗，但八道菜却从不会完整地出席。做席的大厨要考虑荤素搭配、菜色平衡，所以宴席上只会上一两个汤菜，最多再加一道张果老八宝饭作为甜点，断不会将八个汤菜齐齐崭崭地端上宴席。近几年，织金旅游发展迅速，越来越多的外地人慕名而来，加上食客们越来越看重食物的养生功效，应需求而生，水八碗被

鸡茸蹄筋：肥润的猪蹄筋搭配高蛋白
的鸡肉（张卫红　摄）

完整地呈现于餐桌之上，并获得食客一致好评。这一传统名菜浮浮沉沉，终于再跃潮头。

让猪肉立名广流传　一席水八碗

一段八仙过海，一碗各显神通。

水八碗，顾名思义，就是八个汤菜。织金水八碗以汤为媒介，烹饪时最大限度地呈现食材的原味，外观清新悦目，口感相对清淡，老少皆宜，具有滋补养生的功效。

看上去淡雅的水八碗，怎么才能做出令人难忘的回味呢？陈师傅有着自己的独特见解。曹国舅烹蹄筋：主料为当地的土鸡和蹄筋，蹄筋炖到软糯，切成小块备用。将鸡肉剁碎，加入小块蹄筋搅拌均匀，然后做成手工丸子。丸子做好后放入沸腾的鸡汤中，加入盐、味精、葱、姜调味，最后摆盘浇汤。

香菇肉圆：由香菇、本地猪肉烹饪而成，是
一道老幼皆宜的养生佳肴（张卫红　摄）

　　蓝采和黑峰圆：主料为香菇和猪肉，香菇要选用当地小香菇，香味更
浓，肉质更厚。香菇泡发后焯水断生，将猪肉剁成泥，包裹在香菇腹部，
做成半肉半菇的丸子，放入汤汁中彻底煮熟，调味烹煮至入味即可。

　　铁拐李飞蛾蛋：虽说叫飞蛾蛋，其实主要是由鸡蛋和本地猪肉制成，
还加入了织金特产——竹荪。食不二味，是一道滋补养颜的美味佳肴，汤
鲜味美。将鸡蛋摊成饼，包裹猪肉末，做成饺子的形状蒸熟，最后将蛋
饺和竹荪一起熟，两者互相融合，吸收对方的鲜味和肉香，在最融合时
起锅。

　　和另外三道菜相比，韩湘子牵肠肚更考验厨师的功力，内脏的处理
直接影响了成品的口感。猪的内脏处理好之后，这道菜也就成功了三分之
二，最后的三分之一则是调味的处理和蘸水的加成。

　　据陈师傅介绍，八大碗的制作需要厨艺，也需要工艺。厨师们小心地
处理着猪肉，小心地包在薄嫩的蛋饼里，小心地塞入香菇的腹部，处理完
工艺活，还要细心地调味。给水要轻，给火要柔，才能让味道精致。

　　美食端上八仙桌，借八仙的美名，代表着八种不同的福气，表达了百姓对于生活的美好期望。另因旧时宴席使用八仙桌，每桌坐八个人，享水八碗席，蕴含着"八碗菜，八人吃，四面八方，人人平安，一年四季，万事如意"的寓意。

　　织金人淳朴、能干，在美食上却不善经营。好在扎实的味道十里飘香，在新时代、新媒体的簇拥下，不宣而发的水八碗总算站稳了名菜圈。现如今，织金人平日里还是不常吃这系菜，但水八碗名声远扬，还出了礼品装，远销四方。

　　我有一群发小，我们有一个微信群，群名叫"织金特色水八碗"。我们正好八个人，群里每个人都将名字改为水八碗中的一道菜名。我们和大多数同龄人一样，各自奋斗着，虽然不常见面，但常用微信联络着，微信群也恰似我们的聚会宝地。我们借水八碗蕴含的美好寓意祝福着彼此，也祝愿家乡的明天越来越好。

第七章

『二师兄』的辽阔世界

张文莉

郭小江
敬畏生命 做养殖户的"守护神" / 张文莉
————————

"猪的总体长势不错，但是要随时注意它们的生长变化，若遇到疫病，需要及时上报。"在松桃县盘石村生猪保供基地，郭小江一边查看生猪成长情况，一边向养殖户讲解养殖注意事项。

2000 年，郭小江从省畜牧兽医学校兽医专业毕业后被分配到铜仁市畜牧兽医局从事动物防疫工作。22 年的工作经验积累与自身的学习研究，让他有着丰富的养殖经验。

郭小江从小就和猪牛羊鸡打交道，和这些动物有非常深的感情。但他选择兽医行业，源于姨父的影响。

郭小江的姨父是一名"乡村赤脚兽医"，在那个牛猪羊鸡就是老百姓命根子的年代，他的姨父非常受人尊重。姨夫每天肩上背着药箱，手里拿着针管，走村串寨。无论走到哪家，谁也会不慢待。

"每次姨父医治好生病的牲口、家禽后，主人家都会以好茶好饭招待，挺神气。"郭小江回忆时，眼神里还残留着羡慕。

因为从小耳濡目染，郭小江对畜牧兽医工作有了一定的认识和了解，也让他对这份受十里八乡村民尊敬的职业产生了浓厚的兴趣。在校学习期间，他将所有的热情投入专业学习当中，连续 3 年被评为优秀学生。由于实操能力出色，老师在台上讲课时，经常让郭小江负责拿手术刀进行解剖展示，同学们围观学习。

然而，到了快毕业阶段，郭小江已经感觉到了儿时记忆中光鲜亮丽的基层兽医行业在城市就业中并不受欢迎。很多同学心里都有强烈落差：医

贵州省生猪产业专班副班长郭小江（郭小江　提供）

兽没有医人那么体面。于是，很多同学在毕业后选择了改行，不看好兽医专业的前景，觉得这份工作又臭又累。

但郭小江对兽医的未来抱有乐观的态度，始终相信"金子在哪里都会发光"。兽医专业毕业后，他先来到铜仁市畜牧兽医局从事检验检疫、疫病防控研究等工作。每天起早检疫，白天分析各类诊疗数据，晚上填写统计报告，工作虽然十分琐碎繁忙，但是他没有停下学习的步伐。一有空就拿起专业书籍研究病例，总结自己在工作过程中的不足。

"这段理论与实践相结合的经历为我后来的技术服务工作打下了坚实的基础。"郭小江非常感谢那段充实的实践的岁月。

靠着自己的努力和勤奋，郭小江赢得了无数人的认可。很多大型养殖集团向他抛来高薪的橄榄枝，但郭小江都一一拒绝了。他说："我热爱我的工作，别管到哪儿，我只要一进村，人家都热情地招呼我'小郭来了，吃饭了没有？快进屋坐坐'。我一听见这话心里就是暖的，这种幸福感和成就感是不能用金钱去衡量的。"

"人医与兽医的最大区别在于人医可以直接与病人沟通，而兽医并不能直接与动物沟通，从某种程度上来讲，兽医似乎更难一些。要当好一名兽医，除了对这份工作的热爱，更重要的是爱一行钻一行，才能坚持下来。"郭小江颇有体会地说。

在铜仁工作期间，郭小江闲暇时会收集并编写各类适合农村、贴近百姓、易懂好记的养殖手册，印刷后发放给养殖户。"给农民讲课不能空谈理论，要多讲实践、多举例子，只要能派上用场，我愿意把更多的知识分享给有需求的人。"郭小江的讲解深入浅出、通俗易懂，讲到关键问题时，他会把重要的知识点编成好记的顺口溜以便记忆。

每次给农户培训前，郭小江都会广泛收集农户希望了解的知识点，把培训课上得更有针对性和实用性。授课结束前，郭小江会给大家留下充足的提问时间，鼓励大家提"刁钻"的问题。

郭小江还留意到，随着养殖技术的推广，许多养殖户逐渐成为行家里手，但仍会面临经营不善这一"拦路虎"。为此，郭小江通过自己的分析，及时把市场供需关系和价格波动规律传递给广大养殖户。"说到养猪，不仅要教大家如何把猪养得膘肥体壮，更要告诉大家如何卖个好价钱。每年3～5月生猪价格最低，10月起价格又开始走俏，这些市场信息养殖户是否掌握？"郭小江说道。

"养殖服务要不断延伸、不断创新，要敢于突破传统，这样才能真正造福老百姓。"郭小江说。为了提高铜仁市畜牧整体水平和科技含量，郭小江积极参与建设196个乡镇兽医站，不断完善基层服务网络，由单纯的技术服务向综合服务的方向发展，实现技术人员进村、进场、进户的服务机制，将最新的技术及时送到养殖户手中。

郭小江常说，不管是养猪，还是养殖别的牲畜，我们让动物的生活品质提高了，它们才能给我们提供健康的食物。

他认为，一名现代"职业兽医"需要担负的责任不仅要"执业"，更应该"职业"。一名现代养猪体系下合格的职业兽医，其职责并不是充当消防员的角色到处"救火"，而是应该帮助养殖场建立一套充分发挥其生长潜能的体系。

"这对任何一名中国兽医来说都是一项艰难的挑战，这意味着他首先要建立一套具有自我监控、纠正和更新的体系。从'执业'到'职业'，还有很长的一段路要走。所以，我们应退一步，从只见树木开始观察整片森林，向更先进的国家、同行去学习，敬畏生命，认真对待，耐心治疗，不轻易放弃任何一只动物的生命。"郭小江说。

伴随着近几年养猪业的迅速发展，郭小江切身体会到猪病事之多、变化之快是前所未有的，唯有不断学习、勤奋实践，才能更好地为养猪生产服务。"人们都说要且行且珍惜，而我认为要且行且学习……"

2018年非洲猪瘟汹汹来袭，这是一种急性、烈性、高度接触性传染病，是生猪养殖的"头号杀手"，发病率和病死率可高达100%，且目前无有效疫苗预防和药物治疗。这场生物安全战疫一开始便注定是一场没有硝烟的战争。

郭小江说："通过两年的防控实践，我们对非洲猪瘟病原特点、传播途径、风险环节、防控重点等工作有了更清晰的认识。非洲猪瘟疫情发生以来，尽管我省快速及时响应，各部门合力打出疫情防控和稳价保供的'组合拳'，但也暴露出生猪养殖业存在的一系列问题，如抵御风险能力较弱、生物安全防护较差等，给生猪养殖乃至畜禽养殖业敲响了警钟。"

在一线工作中，郭小江发现内部的交叉污染是目前猪场防控的短板。他告诉记者："阻断猪舍内部交叉污染首先要完善基础设施的升级改造工

郭小江指导猪场建设（郭小江 提供）

作，从硬件上着手如改造定位栏使用单独料槽，严格执行一猪一料槽一水嘴。其次，猪场内部使用的所有工具必须严格执行每栋猪舍独立使用，不能交叉。"

目前，国家对环境保护要求越来越严格，污染和病死畜无害化处理已成为妨碍畜牧业绿色发展的重要因素，这也对兽医工作提出了更高的要求。郭小江谈到，要从知识创新、技术创新、管理创新等方面着手，将生物安全的理念融入养殖环节中，倒逼养殖企业和养殖户用新的理念、新的手段、新的装备去改进和升级养殖环境设施。

在郭小江眼里，畜牧兽医是一个平凡而伟大的职业，同样是在挽救生命，他希望有更多人投身畜牧兽医这一事业。

他常说："农村天地广阔，青年大有可为！"

王跃章
专家型企业家　坚守养猪37年　/　张文莉

———————

　　王跃章的过往经历颇具传奇色彩。他少年时期在天府之国四川成都成长，1977年恢复高考后，于1978年考取贵州农学院畜牧专业。也正是这次机缘，让王跃章与养猪结下不解之缘。

　　王跃章告诉记者："当年极低的高考录取比例，能脱颖而出已经非常幸运了，虽然没有考取心仪专业，但我内心非常珍惜这次难得的学习机会。"

　　1982年毕业之后，王跃章被分配到黔南布依族苗族自治州畜牧局；1985年，又被选派到州属种畜场担任场长。在种畜场工作期间，王跃章一边养猪一边坚持学习，到任第一年，他便争取到成都参加了一个加拿大与中国合作的EMBA项目，这在当时也是凤毛麟角。

　　1992年，王跃章顺应改革开放的潮流，迎来了职业生涯的转机，辞去公职下海，先后在广东的清远、肇庆任职，随后又加入东莞食品进出口公司旗下的大岭山猪场。"这是当时全国技术最好、规模最大的大型出口猪场之一，而且思想开放，能够按照市场规律和企业需求进行生产。"王跃章告诉记者。

　　在大岭山猪场工作期间，发生了一件让王跃章终生难忘的事情。虽然这事已经过去了20多年，但是他现在回忆起来，依然记忆犹新。1998年，猪场大规模爆发蓝耳病，死了不少猪，场面触目惊心，养猪这么多年，这事成了王跃章一道过不去的坎儿。此后，王跃章经常组织参与各类实验研究，为养猪积累更多科学经验。

贵州都匀市黔昌畜牧发展有限责任公司董事长、贵州省养猪行业协会会长王跃章（王跃章 提供）

王跃章有一个座右铭："宁可怀才不遇，不可遇而无才。"经过多年的积累，王跃章的事业终于迎来春天。

2006 年，黔南布依族苗族自治州开展招商引资活动，那时的王跃章已担任正邦集团养猪事业部总裁，积极促成正邦集团与贵州的投资项目，最后却无疾而终。王跃章心有不甘，借着招商的契机，索性自己带着技术、资金、资源回到贵州创业养猪，创办了贵州都匀市黔昌畜牧发展有限责任公司。

"回到贵州创业养猪，就是想学以致用，下决心要把企业搞好。而且，我以前不当老板的时候，用钱还挺大方的，当了老板之后反而不舍得花钱了。"王跃章一直很约束自己，老板架子在他身上看不到半分。

从 2006 年创办至今，王跃章厚积薄发，将多年来自己在外国、外省学习到的经验与管理知识充分运用，猪场存栏母猪从 300 头发展到 9000 多头，年出栏量可达 20 万头。

　　当问及企业发展的秘诀时，王跃章的回答是："实业、资本、人才。"特别是最后一点，王跃章不止一次提到人才对企业的重要性。"对于任何一家企业来说，团队都是很重要的。我作为创始人，对公司承担首要责任，但任何一个人的资源、能力是有限的，所以要培养一群志趣相投、能力相补的团队来弥补我的不足，作为创业者首先要认清自己，不要觉得自己无所不能。"

　　王跃章坦言，目前，企业的管理团队变得越来越年轻化了。以前很多年轻人不愿意进猪场，到现在有不少硕士来养猪，养猪业的地位正在一点点被提高，人们的理念也发生了巨大转变，相信在未来，还会有不少年轻人加入这个行列中。

　　不难看出，未来养猪业的竞争不再停留于产品的竞争、渠道的竞争，而是资源整合的竞争、人才的竞争、眼界和格局的竞争。谁拥有强大的团队，谁就能在这个市场里拥有一席之地。

　　企业发展，遇到"黑天鹅"事件不可避免。从非洲猪瘟到新冠疫情，都不断考验着企业"危中寻机"的能力。从做企业职业经理人到自主创业，通过几十年养猪的经验，王跃章认为企业已初步具备了抗周期的能力和更高的风险防控意识。

　　王跃章告诉记者，如今的生猪产业正朝着规模化、现代化、智能化、数据化发展，趋势不可阻挡。养猪行业正在逐步迈入下一个时代，企业将会从规模化竞争变成技术和成本竞争。

　　后非瘟时代，养猪业的发展离不开硬件、规模、信息化的基础，而这些都与资金有直接关系。为此，王跃章通过两年的积极沟通，在今年初与国企共同成立了国企控股的贵州省黔昌农牧集团有限公司。集团公司计划在5年内投资40亿元，打造一条年出栏100万头生猪的高质量管理、一体化生产的生猪产业链。其中，投资项目主体分为3个部分：建设3个年产 10 万吨的饲料厂；建设 3 ～ 5 个楼房式生猪养殖场，每年出栏 100 万头生猪；建设 1 个年屠宰 50 万头生猪的屠宰厂及年产 10 万吨的有机肥厂。力争短时间内形成集约化生产的产业链配置结构，以顺应现代化生猪产业发展的趋势。

回首每段过往岁月，王跃章感慨道："我觉得我这一生，还是蛮幸运的，对于养猪这事，几乎走的每一步，回头看大方向都比较正确。"

记者在王跃章的微信朋友圈看到这么一段话："要把自己放到未来，用未来的视角看现在，用未来的视角看过去，并对当下进行布局，将会看到不一样的东西，并赢得未来的主动权。"这句话符合王跃章对生猪产业的发展规划，也代表了他对这个产业过去与未来的感悟。

贵州大学新农村发展研究院教授燕志宏（燕志宏　提供）

燕志宏

兴趣是帆，知识是舟　一辈子养好猪　/　张文莉

————————

　　"我也没想到养猪还可以挣钱，房子有了，病治了，孩子上学的钱也有了。""每次燕老师一来，我们就很高兴！"不少养殖户们用淳朴的语言表达着感谢。

　　在贵州，不论是大型规模猪场，还是农家小院的猪舍棚圈，很多地方都留下了燕志宏的脚印。他一直认为，自己如果能向前多走几步，养殖场和养殖户就能少走一些弯路，多挣点钱。

　　有时候，一个求助电话打来，他就坐不住了，经常是下课之后顶着烈日、冒着风雪就赶往养殖场。"我不会拒绝，也没有理由拒绝那些需要养殖技术的人。奔赴在教学和一线是我的使命。"燕志宏对记者说。

燕志宏是贵州大学动物科学学院教授，奋战在一线教学事业上已40年。在谈到为什么选择投身生猪科研时，燕志宏谦逊地说："不敢讲投身科研，好像是我为了科研牺牲了什么似的。于我而言，做生猪领域的科研，这本身就是一种乐趣。"

时间退回到1980年，燕志宏考入贵州农学院畜牧兽医系。大学期间，燕志宏总能以好成绩蝉联"学霸"宝座。"回忆那4年，我周末故意不回家，偷偷翻窗户去图书馆看书、做笔记，一直到了晚上光线不好了才溜出来。准确来说，这是违规的，但那个时候我才管不了这么多。"燕志宏笑着告诉记者。

"时刻对世界保持着一颗好奇之心，并坚定地追逐自己的兴趣。"燕志宏这样评价自己。这得益于他在本科阶段遇到的老师，老师的一段话深深地启发了他："兴趣是最好的老师，思想要如鱼翔浅底，鹰击长空，不必受限，自由翱翔。"他认为，在求知的路上，即使基础差一点也没关系，只要兴趣不灭，自有一股力量推动着人摸索向前。

1984年夏天，燕志宏以优异的成绩毕业了，并被贵州农学院聘为讲师，从此开启了教学生涯。此后，他再也没有离开过学校。

凭借扎实的专业知识、良好的沟通能力和主动学习精神，在进入教学岗位后，他慢慢从普通教师成长为骨干教师。在生猪养殖和遗传育种方面，通过大量实践经验和理论知识的不断扩充，经常与国内外专家交流学习，燕志宏逐步成为生猪行业的专家。面对这样的变化，燕志宏意识到自己肩上的责任更重了。

优良猪种是确保生猪稳产保供的重要种源，是生猪产业的决定性基础。燕志宏告诉记者，种猪育种是一个复杂的系统工程。现代养猪呈金字塔式扩繁和生产，原种群的遗传性能决定了整个养猪产业链的生产效率。

"从事种猪的遗传育种工作就像在攀爬一座高峰。"燕志宏认为，只有通过不间断的遗传改良，改善种猪的生产性能，才能提高每一头猪的盈利水平。总之，养猪育种是一门专业化很强的学科，同时也是非常接地气的一门技术。在他看来，需要的是坚持，坚持，再坚持，单纯靠从国外引入种猪并非长久之计。

据了解，贵州地方猪品种资源具有肉质优良、适应性强、耐粗饲等特点，是生产优质猪肉的良好材料。由于长期缺乏对这些资源进行系统深入的研究、保护与开发利用，导致这些品种资源未得到充分利用，群体数量下降。

针对这一问题，燕志宏对我省地方猪种资源进行了 10 余年的研究，选育并开发了宗地花猪、可乐猪、小香猪等地方猪种，在品种保护与评价、创新利用、生态养殖和产品研发等方面取得了一系列的创新性研究成果。

从多角度研究了贵州地方猪肉质优良的物质基础，从生产实践角度、结合市场需要系统地研究了贵州地方猪保持肉质优良的遗传和环境条件，建立了以地方品种为基本条件的商品猪生产配套系，研究推广了综合养殖配套技术，有效地推动了贵州地方猪作为高档猪肉食品的高效生产。

为了提升贵州生猪养殖技术，燕志宏几乎走遍了贵州大部分地区，参与了贵州 80 多个县（区、市）的养猪技术培训。除此之外，还推动多家养殖企业与贵州大学合作建立了校企合作关系，建立了贵州大学教学实习基地，每年都有一批本科生、研究生到企业工作、实践、生活、学习。

除此之外，燕志宏还创建了"贵州赫章可乐猪科技小院"，带领本科生及研究生在小院开展工作，为企业在生产实践中对科学技术的研创和应用创造了条件，也为贵州大学学生的生产实践创造了条件。燕志宏发表研究论文 30 多篇，完成并颁布贵州省地方标准 4 部。

燕志宏致力于地方猪种资源保护与开发利用（燕志宏　提供）

    大学教师的工作重点究竟应该是教学还是科研？对于这一问题，燕志宏认为二者并不对立矛盾，因为教学和科研是他实现心中理想的双桨。

    燕志宏说："大学是培养人才的地方，因此，教师第一本职的工作是教学。而科研是搞好教学的源泉，一个再有天分的老师，如果连续几年不搞科研，那所讲授的就只是书本上的知识了。这很难激发学生的专业激情，也很难引导学生进入研究领域。"

    "着眼'大处'的同时，更要着手'小处'。任何科研探索都不是一蹴而就的，比如生猪育种就是需要无数个微小细节的堆叠积累。"燕志宏一直在教导自己的学生，不放过实验过程中任何细小的异动，因为他清楚，一个细节往往会决定整个实验的成败。

同一门课上几十年，是否会厌倦？燕志宏的回答是"不会"。

"教材是同一本教材，但讲课每年都有所不同，科学不断发展，讲课内容每年也都有不少更新，除了基本内容，每年我都会穿插一些在实践经验中得来的新观点。"燕志宏说道。

正是在这样的思想指导下，几十年来，燕志宏不仅在科研上取得了丰硕成果，而且身体力行地参与教材编写，给学生上课、指导论文……三尺讲台成为他的一方天地。学生们这样评价："燕老师不用看讲稿，理论和案例就能脱口而出，听他的课是一种享受。"

别看燕志宏平时和蔼可亲，平易近人，但只要遇到和做学问、搞科研有关的事情，他常常会"翻脸不认人"。

对于学生的学业，燕志宏严格要求，一丝不苟。"做研究特别需要严谨，要赶上别人只能多努力。像论文造假这样的事情是绝对不能容忍的。"在生活中，燕志宏经常会鼓励学生，希望他们能在正能量的氛围里完成学业，走向更高的地方。

教书育人四十载，燕志宏教过的学生不计其数，他们活跃在国内外畜禽育种等领域，其中，已有多人是博士生导师和研究领域的骨干了。

"一个人，一辈子，要想有所作为，必须有一个方向，必须有一个信仰。道阻且长，行则将至，作为贵州生猪行业的研究者，我将和我的学生们一起奋力追赶。"燕志宏说。

贵州省农科院畜牧兽医研究所副所长
史开志（史开志 提供）

史开志
保护"土猪" 和时间做朋友 / 张文莉

———————

　　"大家现在越来越注重健康美味，这是一个很大的市场。这意味着，
特色猪的开发将是未来生猪育种的一个大方向。分子育种也好、基因选育
也好，要用好现代技术挖掘贵州地方猪种这一宝贵资源，写好选种育种这
篇大文章，就可以满足吃货们对本土优质猪肉的需求。"贵州省农业科学
院畜牧兽医研究所副所长史开志如今一提到自己的专业就信心满满。

贵州黔西人史开志本科毕业于西北农林科技大学动物科学专业，从事生猪育种这个科研行业完全是一场意外。

当年高考，他选择理工类学科作为第一志愿，可惜分数不够，被调剂到动物科学，就这么误打误撞地学习了这个专业。在大一大二的学习过程中，史开志想着以后每天的工作就是围着猪牛羊鸡打转，心里十分苦恼。

2006年，本科毕业之后的史开志选择回到贵州深造，学习预防兽医。他的职业规划很明确：本科阶段已经基本学会如何养殖了，研究生阶段再配套学习如何治疗。毕业后带着"一条龙服务"的技术回老家开一个养殖场，也算是个不错的谋生手段。

研究生毕业后，史开志怀揣挣来的7万元回黔西老家开始了养殖之路。苦于资金压力和对于市场的把控不够，2010年，史开志选择进入贵州省农业科学院畜牧兽医研究所工作，开启了贵州地方特色猪种研究之路，之前开的养殖场也在坚持4年多后"夭折"了。

没想到一干就是10多年。最让他有成就感的事情就是先后收集和测定了可乐猪、黔北黑猪、江口萝卜猪、关岭猪、从江香猪、白洗猪、黔东花猪等国家认定的贵州省7个地方猪品种。

目前，史开志的团队在花溪高坡建设了地方猪核心保种育种基地，黔西建设了规模化育种扩繁基地，花溪麦坪建设了育种展示基地，共同支撑贵州地方特色猪育种工程，拥有各类生猪育种素材2000余头。他还计划在黔西县周边建设一个规模比较大的新品种中试生产基地。

育种工作者的工作枯燥又考验耐性，他们需要长期待在猪场里收集各种基础数据，有些数据是直观的，可以直接采集，有些数据则需要进行测定，如生长速度和肉质性能等。

数据测定是最枯燥的部分，但是也是最重要的部分，没有准确的基础数据的支持，育种工作就是无根之木。育种工作者还有一项重要工作，就是做"月老"，决定母猪可以和哪头公猪交配，这是避免群体退化的重要措施。

史开志的团队重点开展可乐猪和黔北黑猪的保护与挖掘，在巩固其固有优势性状的基础上，对繁殖性能、生长性能、饲料转化率、瘦肉率、抗病性、消化耐粗饲能力这几个方面进行遗传改良获定向选育提升。史开志在团队中主要负责育种规划、育种目标制定、育种技术路线优化以及疫病防控。

这个团队培育的"黔猪配套系"已具雏形。该系列猪种主要是通过高繁殖力品种改良黔北黑猪作为母本母系，然后综合育种得到的"混血儿"。传统的黔北黑猪一窝产仔 7 ～ 9 头，然而"混血儿"能一窝平均产 13 头，繁殖率大幅提高，表现出良好的推广前景。

通过 10 年时间培育出的这个特色猪配套系繁殖力强，体形较大，300日龄体重便可达 300 斤左右，肌内脂肪含量高，吃起来有点"雪花牛肉"的口感。而且消化力强耐粗饲，育肥猪饲料中青绿饲料占比 30% ～ 40%。

这和史开志在饲料上下功夫分不开。他常常给猪吃"金荞麦"，以减少抗生素的使用，改善肉质。

金荞麦有丰富的氨基酸，并含有铁、锰、铜、锌等微量元素，是优质牧草资源，在贵州省海拔 250 ～ 2900 米的地域皆有分布。史开志使用金荞麦鲜草代替部分精料来喂猪后发现，猪的健康得到了改善，生长加速，屠宰率、瘦肉率、熟肉率、肌内脂肪含量、肉的鲜嫩度均有所提高，猪肉的风味和品质得到很大的提升，从而增加了养猪的经济效益。

除此之外，用金荞麦喂猪可降低排泄物中有机质、氮、磷等对环境的污染，有利于生态养殖业的可持续发展。

在史开志眼中，猪育种是为了让终端消费者得到质优价廉的好肉。

但是种猪育种是高投入、周期长、短期回报贫乏的一项工作。有了资

源，生猪育种的难主要还不是技术上的难，而是难在坚持，一是时间上的坚持，二是在育种群体维持上的坚持。

猪的育种是以 10 年为阶段的，目前史开志的团队也才走过第一个 10 年。这 10 年中，大部分的工作都是重复，日复一日、年复一年地重复。而这项长期的工作，需要沉下心和时间做朋友。

在 10 余年来的保种育种工作中，有一件事情令史开志难以忘怀。2019 年非洲猪瘟传入贵州后，为了保护育种资源，临时将一栋四层的老办公楼作为保存种猪的场所。史开志团队通宵作战，用人力把种猪从保种育种基地运到办公楼，一间办公室关一头，实行封闭管理。

运输种猪的过程面临了巨大难题。几十头几百公斤重的种猪，特别是种公猪，在没有专业运输设备的情况下，该如何把它抬上车，抬上高楼？

当时时间紧迫，史开志团队硬是靠着双手与猪"搏斗"，才让种猪成功搬家。有同事被猪踹趴在地上，几乎不能动弹。事后回忆起来是有点后怕的，可是当时每个人心中只有一个信念，一定要把猪转移保护起来，根本没有去想自己是否会受伤。

"贵州有很多本土猪种和培育品种，甚至比大熊猫都还珍贵，我们要把老祖宗留下来的品种保住。而且，部分系谱清晰、特征明显的纯种地方种猪可能也就剩余那么几十头，种公猪也就三五头了。再不进行抢救性保护的话，几年下去，也许就没了。"这是史开志的心结。

"土猪"打不赢"洋猪"和市场有直接联系。一是因为肥，二是因为慢。本土猪的瘦肉率只有 40% 左右，而洋血统的白猪瘦肉率可以达到 60%。土猪喂要 1 年才能出栏，洋猪大半年就可以出栏，这个问题需要通过育种研究加以解决。

但是土猪有明显的优势，土猪是以前老百姓自己在农村养起来的，在艰苦恶劣的自然环境中繁衍千年，传承至今。土猪经过自然选育，保留了更适应本土的优良基因,除了肉质和口感远胜于洋猪外,还具有对环境的抗逆性强、对疾病的抵抗力高等特点。而现在引进的洋猪是"长期在条件非常好的环境中"培育出来的品种,抗逆性就差一点。

史开志认为土猪资源是极其宝贵的公共资产,正千方百计地把老祖宗留下来的品种先保住然后利用,还要把那些现存品种最少的猪种优先保护起来。留得青山在,不怕没柴烧。有些品种猪,群体非常小,高度近亲繁殖,原有的性能退化非常严重,应组织专家进行系统性评估、论证。

几十年前的市场选择了洋猪,如今,越来越多的中国食客开始关心一个问题:"现在的猪肉怎么不香了呢?"吃货骨子里对美味的追求,成为一部分消费群体购买土猪肉的动力。

市场的态度变化,让史开志觉得土猪还有再战之力。他认为,具有更好的"肉质特性和抗逆性"的贵州土猪,经过研究和育种提升,有朝一日,可以在中国猪肉市场上占有一席之地。

王金涛

人大学霸"跨界"养猪 原生态养出"凉都跑山猪" / 张文莉

贵州二表哥生态农业有限公司董事长王金涛（王金涛 提供）

    从最初 2 个人养殖 20 头母猪的小作坊发展到今天员工上百人，从通信行业"金领"转身做起"猪倌"，王金涛在六盘水启动的"凉都跑山猪"项目，已经走过 6 年。

    王金涛在 20 世纪 70 年代跟随父母从重庆合川来到贵州六枝参加"三线建设"，从小在六枝成长学习，对六枝这片热土怀有深厚的感情，将六枝视为家乡。2004 年，王金涛从中国人民大学硕士研究生毕业后，来到改革开放的前沿广东求职闯荡，就职于广东移动江门分公司。工作中的他凭借个人过硬的业务技术能力，迅速做到公司高管，年薪达到 60 万。

　　谈起为何放弃高薪工作回到贵州养猪时，王金涛说："风筝飞得再高再远，线总是在家乡系着，他乡再好，却非久留之地。而且我孩子爱吃猪肉，我害怕重金属超标，每次买猪肉，都要'望、闻、问、摸'。一次我妻子开玩笑地说，不如我们自己养猪。经过内心无数次的煎熬与折磨，我决定回到六枝养猪。"

　　2016 年，王金涛毅然告别了广东的高楼大厦，回到了六枝的重重大山，从"金领"做回了"农民"，在六枝海拔 1650 米的高山上，创办贵州二表哥生态农业有限公司，开始生态跑山土猪养殖之路。

　　创业初期，王金涛辗转全国各地，寻找适合生态放养的优质种源，从黑龙江佳木斯到海南文昌，从山东到西藏，到过全国大大小小的猪场上百个，考察的猪种数十种，最终选择了藏香猪和关岭猪。在贵州大学育种团队的鼎力支持下，以藏香猪为父本、关岭猪为母本，王金涛培育了独特的"二表哥跑山猪"。

　　品种解决了，但发展的道路艰辛漫长。"四五月份的六枝处于旱季，山上严重缺水，有时需要租用水车，一车水就要花费 400 元。山顶工地用电也需要自己发，前前后后烧坏了我 20 多台发电机，晚上睡觉，耳边仍觉得嗡嗡作响。去猪场的路长期坑坑洼洼，拉建筑材料和玉米的重车只能用挖机推着，艰难地往山上走。养殖成本居高不下，养殖效率也较为低下。"但王金涛认为困难是暂时的，道路是光明的。

　　但福无双至，祸不单行。2017 年，公司因技术问题导致近 3 成仔猪冻死冻伤；2019 年，受猪瘟影响，黑猪不能销售到广东，公司濒临倒闭。但是，王金涛看好优质生猪市场的发展前景，执拗的他顶着其他股东反对的压力，将规模由 500 头扩充至 4000 头。

　　"当时，公司每天净支出近 10 万元，资金链几近断裂，最困难时公司账上只剩 100 多块钱。"时隔多年，回忆起当时的窘困，王金涛颇有感触。

在企业发展最困难时，六枝特区党委、六枝特区人民政府及时出面协调建设了9.8公里的引水工程、1.1公里的产业路、3.8公里的输电线路，政府还协调300万元贷款，并整合3500万元资金入股公司，为公司送上了"及时雨"，挽救王金涛于水火。

2017年3月，第一批"跑山猪"出栏，王金涛看准了广东市场的消费能力，在佛山市开了一家猪肉门店，主打贵州散养"跑山猪"的招牌，定价50元一斤。

果然，开张后的生意十分火爆。

2021年，公司接到的订单倍增，产值超1亿元。

二表哥跑山猪养猪场全景（王金涛 提供）

王金涛说，养殖探索的成功根本原因在于六枝特区的环境，概括起来就是"高、富、美"。

"高"：海拔高，1650米让猪肉的血红蛋白富足；"富"：六枝是特有的富硒地带，猪肉中的富硒含量达到61.4微克每公斤，是国家标准的3倍；"美"：六枝环境优美，森林覆盖率达62%，PM2.5值常年为18。

王金涛还向记者仔细介绍了如何发展跑山猪："六枝生态环境很好，猪儿吃的是青草，喝的是山泉，天天在平均海拔1650米的高山上奔跑。1600亩无污染原生态山林成了猪儿的运动场，我们还曾尝试将计步器绑在猪的身上，它们每天的运动数据可达到11公里以上，因此成了名副其实的跑山猪。"

据了解，"凉都跑山猪"采取圈养和放养相结合的方式饲养，饲养周期在300天以上，自然生长的方式让它的风味物质得到充分沉淀。其鲜肉产品肉色鲜红，弹性好，肉香味浓郁，有丰富的蛋白质、微量元素和不饱和脂肪酸，胆固醇含量低，营养更健康，含钙量比普通猪肉高119%，肌间脂肪含量可达8.3%，而普通猪的肌间脂肪含量为3.8%，部分猪肉有明显的大理石条纹，号称"雪花猪肉"。

目前，公司已建成育繁基地1个、养殖小区15个，养殖场里的"跑山猪"，因肉质细嫩、味道鲜美，公司产品销售到贵阳、遵义等省内主要市场和广东、重庆、四川等省外市场，加工的"凉都跑山猪"腊肠、腊肉远销北京、上海、广州、香港等城市和澳大利亚等国家，获得消费者一致好评。

除此之外，王金涛还有一套新的养殖模式——将猪仔分发给附近的村民，通过"政府引导+银行融资+保险兜底+公司收购+农户收益"的五方联动机制，带动乡亲们共同致富。据介绍，公司目前带动3900余户建档立卡贫困户增收，有97多位农民成了公司固定员工，月均工资4000

元以上。

现在，走进六盘水市六枝特区新场乡，问村民们当地有什么产业时，十有八九会回答"凉都跑山猪"。

如今，王金涛的"跑山猪"，已经成为六枝当地一张亮丽的名片。"力争到 2025 年，实现能繁母猪 1 万头存栏、年出栏 20 万头土猪规模值达到 5 亿元。"

杨红文
为贵州生猪产业发展贡献力量 ／ 董 瑶

2006年，杨红文从华中农业大学动物科技学院动物遗传育种与繁殖专业毕业，此后便一直在贵州从事禽畜科技研究工作。

"日日行，不怕千万里；常常做，不怕千万事。"杨红文总说。在许多人看来，实验室的工作是枯燥的，但是他总是全身心投入，一遍又一遍，一天又一天，就这样，一干就是17年。

致力科研　减少生猪死亡37.8万头

2013年，为促进贵州生态畜牧产业发展，提升生猪产业科技支撑与创新服务能力，遵循"凝聚一支队伍、建设一个体系、服务一个产业"的宗旨，围绕特色生猪产业发展助推脱贫攻坚，我省启动了现代生猪产业技术体系建设，杨红文就是其中一员。

从那时开始，杨红文与贵州生猪专家深入全省生猪养殖场，结合养殖生猪品种选择、饲料均衡供应、疫病防控健康养殖等多方面，开展技术研发和培训，带动产业发展。

针对呼吸系统疫病对贵州省生猪产业的危害，杨红文与团队整合各方资源，联合企业、合作社、科技示范户多方力量，依托贵州省现代生猪产业技术体系建设和贵州省生猪主要呼吸系统疫病防控技术推广等项目实施，对贵州省畜牧兽医研究所持有的猪呼吸系统疫病防控技术和6件国家发明专利技术进行组装，形成推广体系，产研结合在全省示范推广。

通过实施，提升了贵州省生猪呼吸系统疫病防控的能力和水平。技术重点覆盖 38 个县（区、市）818 家企业（合作社）和 28210 户养殖大户、出栏生猪 1576.8 万头，培训技术人员（农户）2.1 万人，带动脱贫 849 户 3504 人（部分统计）；呼吸系统疾病发病率从 18.4% 降低至 9.4%、死亡率从 5.6% 降低至 3.2%，减少生猪死亡 37.82 万头，实现总经济效益 71270.7 万元，取得了良好的社会、经济和生态效益，杨红文也成为贵州省为数不多的正高级畜牧师。

严防死守　阻断疫病传播

2020 年初，贵州将生猪产业作为全省 12 个农业特色优势产业之一重点发展，利好政策为产业规模发展摁下了"快进键"。作为省内资深的生猪产业专家，杨红文当选为贵州省生猪专班副班长，他身上的担子也更重了。

偏偏此时，非洲猪瘟、新冠疫情来袭。"生物安全体系建设面临前所未有的挑战。"杨红文说。传统养殖管理模式不够精细，生物安全防护级别低，远远不能满足生猪疫情防控形势的需要，打造生态循环养殖，杨红文与贵州生猪专家一起，在"防"字上下足了功夫。

选址要求不能在化工厂、屠宰场等企业的下风向处或附近，进出猪场的道路最好不经过村庄。每个养殖场均须设立三级洗消中心，对车辆和人员进行检测、消毒或隔离，阻断疫病传播。

"细节决定成败，每一个环节都马虎不得。通过不断完善设施和流程，生猪养殖的防疫水平越来越高，虽然养殖成本增加了，但是用于疫苗、兽药的投入减少了，猪肉的品质提上去了，贵州猪肉品牌也会更加响亮。"杨红文说。

严谨规划 助推生猪产业行稳致远

2021 年，贵州省农村产业革命生猪产业发展领导小组印发了《贵州省农村产业革命 2021 年生猪产业高质量发展工作方案》，方案指出着力提升生猪规模化、标准化、良种化、绿色化、融合化和品牌化"六化"水平，是贵州当年持续推进生猪产业高质量发展的主旋律。

而此前，为做好《贵州省农村产业革命 2021 年生猪产业高质量发展工作方案》编写的调研工作，杨红文与团队先后到全省多个县市开展生猪产业发展技术需求调研并形成调研报告，对贵州特色地方猪品种资源、能繁母猪健康与产能提升、地方猪产业化品牌化发展、地方饲料资源高效利用和产业发展人才壁垒等关键问题进行重点研发。

"结合实际问题、突出目标引领、强化项目支撑、坚持开门纳谏，对标对表发展要求，才能高质量做好贵州生猪产业规划发展工作。"杨红文说。

通过各方的努力，2021 年，贵州省生猪出栏 1849.7 万头，同比增长 11.3%；猪肉产量 166.2 万吨，同比增长 13.6%；年末生猪存栏 1530.5 万头，同比增长 12.2%；年末能繁母猪存栏 140.2 万头，同比增长 3.8%。全国前 20 强生猪产业化龙头企业，已有 16 家在我省 62 个县实施生猪养殖或全产业链一体化建设项目。省级以上产业化龙头企业 108 家，比 2020 年增加 9 家。全省年出栏 500 头以上规模养殖场 3529 个，比 2020 年增加 239 个。温氏、德康、日泉农牧等 20 家龙头企业生猪出栏量占全省总出栏量的 23%，较 2020 年提高 2 个百分点。

从业 17 年，从研究"科学"到研究"政策"，杨红文说，都是为产业发展献计出力。"人无万能，但我会竭尽所能为贵州生猪产业发展贡献力量。"

廖晓丹
大山里的"猪倌"　　在贵州独山发展全产业链式养猪　/　程　丹

你印象中，猪猪都是"扎堆住在昏暗矮小的猪圈，粪尿遍地，臭味熏天"？

如今，在黔南布依族苗族自治州独山县下司镇的山坳，一头头干净又健康的"精致猪"坐着电梯住进了楼房，呼吸着净化后的空气，吃着高温灭菌的饲料，拥有独立猪卧，享受着 AI 监控服务和智能环控的环境，过上了焕然一新的智能化生活。

贵州日泉农牧有限公司总经理廖晓丹便是见证和改变猪猪生活的人之一。

在贵州日泉农牧有限公司的专家人员简介中，廖晓丹的简介简洁明了——养猪专家廖晓丹博士，他的微信朋友圈个性签名"大山里的猪倌"更是直接交代工作环境和岗位。的确，相比博士，"猪倌"这一身份是他身上最明显的标签。

与猪结缘，要从廖晓丹高考完选择"预防兽医"专业开始说起。从高中开始，他立志要从事生命科学事业，高考结束后，毫不犹豫选择了四川农业大学的预防兽医专业，并一直攻读到博士。

2012 年博士毕业后，廖晓丹入职广东天农食品集团股份有限公司，这期间，廖晓丹一直积极参与公司的生猪养殖建设，先后参与自动喂料系统、自动加药系统、智能温控系统等的升级换代，直到现在看着猪猪们享受上了 AI 生活。

从养猪专家变成贵州大山里的"猪倌"，是廖晓丹养殖事业中坚实有力的一步。

2016 年，在独山县人民政府招商引资政策和贵州良好生态环境的吸引下，广州天农集团养猪事业部贵州管理中心（即贵州日泉农牧有限公司）正式入驻独山县，廖晓丹担任公司总经理。自此，廖晓丹的养猪战场从广州清远转移到贵州独山，真正走进大山做起了科学养猪的猪倌。

"日泉农牧现代化的养殖理念和先进的硬件条件吸引我参与到发展建设之中，我深知科学养猪对贵州意味着养殖业的颠覆。"廖晓丹解释为何来到贵州大山养猪。

"生猪产业的发展，不仅仅停留在养殖，更是要做到'养殖—沼肥—绿色农业'为一体的循环经济模式，全产业链发展。"来到贵州后，廖晓丹和团队结合独山优良的生态环境，提出以"生态循环、健康养殖、低碳经济"为理念，按照"公司＋基地＋合作社＋家庭农场"的产业发展模式，发展种猪繁育、父母代猪、商品猪养殖、饲料生产和肉制品深加工于一体的全产业链公司，融合一、二、三产业打造"高技术、高标准、高起点、全产业、全循环、全生态"高效循环现代化国家农业示范基地。

"我们运用全球领先的养猪生产智能化控制技术，配备自动饲喂系统、智能化电控设备、新风系统、巡检机器人、无人驾驶清粪机器人、捡猪机器人、无人驾驶洒水车等智能养殖设备，实现供水、供料、通风、降温等多方位自动化、智能化。"廖晓丹对当下猪猪的"高科技"精致生活了如指掌。

6 年来，在廖晓丹和团队的努力下，日泉农牧已经无限接近目标了。

如今，再走进位于独山县下司镇的产业基地，来往运输饲料的车辆络绎不绝，基地内弥漫着淡淡的粮食香味。

"这一排高耸的原料塔，存储了用于生产猪饲料的玉米、豆粕等原料。"廖晓丹介绍着产业融合发展第一步的结果，相比刚来独山时看到

的荒凉的山坡和心里完全没底的"全产业链"养猪场，一切都在逐渐完善实现。

这个年产 54 万吨的饲料厂，是目前西南地区产能最大的饲料生产基地，每天生产出的饲料从厂区分发到独山各处的日泉养猪场，猪舍全部按照先进标准设计，并采用自动化料线和饲料塔模式自动投料，猪舍内采用全自动智能温控系统，实现现代化、高效养殖。

目前，日泉农牧在独山县共有 3 个生猪养殖基地，每个基地容纳能繁母猪 8500 头，年产 60～65 万头断奶仔猪，今年上市育肥猪可达 12 万头。

如此巨大的生猪产能背后，配套的饲料基地与猪养殖之间是供给关系，同时也有大量产出，一方面是产出健康、投放于市场的出栏仔猪，另一方面也会产生大量的粪便等废弃物。

如何"变废为宝"，成为廖晓丹和团队在独山发展"养殖—沼肥—绿色农业"为一体的循环经济模式主要思考的问题。

"不能因为发展一个产业损坏良好的人居环境是我们入驻独山发展生猪产业的原则。"廖晓丹说，为了物尽其用和养殖与生态共同发展，经过长时间的设计和商讨，他和团队决定将养猪产生的污水和粪便通过处理后作为肥料，用来种植莲藕与果桑。2021 年，400 余亩的莲藕 11 月开始采收，带动了 151 户群众土地流转增收和 500 余人次群众务工增收。

"玉米、豆粕加工成的饲料用于生猪养殖，养猪产生的污水和粪便通过处理后作为肥料还田、灌溉，用来种植莲藕与果桑，整个过程实现高效循环、绿色环保。"廖晓丹讲述一粒粮如何"变"一片藕的"秘密"。经过 5 年的发展，日泉农牧已逐渐形成现代化养殖、加工示范及种养循环的产业链条，带动贫困户 5500 户实现增收。

廖晓丹介绍，下一步，日泉农牧除了要进一步推进猪肉深加工发展，也会依托长寿湖积极建设康养基地，推动种养循环观光旅游项目。

一个区域产业的发展，不能单一依靠企业发展，更需要当地农民的参与。"让更多人参与到生猪产业的发展中"也成为廖晓丹在独山当"猪倌"想实现的。

为了带动独山县的农民走上生猪养殖道路，廖晓丹和团队推出"订单养猪"，给农户提供猪苗、饲料、疫苗、技术等，还配备有兽医指导科学养猪。而农户也没有负担和压力，只需要负责建圈舍、人工工资、水电费等，不仅有"代养费"，还能随着市场价格波动进行分红。

"只要按照我们的要求养好猪，达到出栏标准，代养户每头猪至少有200元的代养费，市场行情较好的时候，我们还会进行二次分红。"廖晓丹介绍，在技术服务方面，公司会安排专业技术人员，辅助代养户管理，每天收集生猪健康情况，并全程进行跟踪服务，最大程度降低养殖风险。

自推出"订单养猪"以来，独山县已有近20个代养点，越来越多的养殖户加入代养行列中，"订单养猪"也逐渐成为趋势。

6年来，廖晓丹的收获也越来越多，见证的贵州养猪故事也越来越多。

2021年初，农业农村部公布了首批62个非洲猪瘟无疫小区名单，贵州有两家企业入选，贵州日泉农牧有限公司就是其中之一，这标志着贵州省非洲猪瘟综合防控水平取得新突破。

"能通过无疫小区评审，源自日泉农牧打出的一套'组合拳'。"廖晓丹说，为应对非洲猪瘟病毒，廖晓丹和团队迅速筹建非洲猪瘟实验室，对进入猪场区域的车辆、物资、人员做到迅速送检且2小时内出结果，极大地降低了猪场感染风险；同时，与华南农业大学、西南大学等高校紧密联系，加强技术指导。

"种猪场采用智能环境控制系统、全封闭式机械通风以及全漏缝尿泡粪生产工艺；泉兴、泉旺、泉发三个猪场都分别建有独立污水处理站；对

病死动物无害化处理有生物堆肥和高温发酵炉处理两种方式。"廖晓丹细数疫病防控措施的持续加码。

"生物安全只有 0 分和 100 分，没有 60 分及格的说法，任何时候都不能掉以轻心。"廖晓丹说，一系列强势措施取得的结果就是仔猪存活率从 90% 上升到 95%，断奶仔猪头数增加 3.3 万头。

"随着大量养殖企业的防控意识增强，生猪行业肯定会变得越来越规范、有序，产业发展就会迈上新的台阶。"贵州生猪产业欣欣向荣，廖晓丹对贵州的生猪产业发展充满信心。

贵州大学动物科学学院副教授张勇（张勇　提供）

张　勇
"猪博士"多元化服务　助力贵州生猪产业发展　/　张文莉
——————————

"我的工作日常就是如何把猪养好。"张勇经常喜欢这样介绍自己。他说这话时带着调侃，但更多的是自豪。

张勇不仅是博士，他还拥有不少头衔——贵州大学动物科学学院副教授、硕士研究生导师、中国养猪学会常务理事。2020年还成为贵州省生猪产业发展领导小组成员，省生猪产业发展工作专班副班长。他一方面向校内的莘莘学子传道授业解惑，带领他们开展课题研究，另一方面为企业、农户传授养殖经验，为生猪养殖产业提供指导。

坚定选择　从排斥到热爱的养猪事业

谁曾想，如今在多重身份间转换自如，在高强度的工作节奏中保持旺盛精力的养猪博士，也曾经排斥过自己的专业。

张勇的母亲是小学教师，父亲是一名司机。在进入大学之前，他其实并未真正接触过农业，进入畜牧业只是一个"意外"。

"我当初填报志愿时，并没想到过要报畜牧专业，因为担心自己的分数不够理想，就在志愿中填报了服从调剂，这一调剂，就到了贵州农学院动物科学系动物生产专业。"张勇说道。

在普通人的认知里，畜牧就是每天围着猪、鸡、牛、羊打转，而且工作环境恶劣，充满各种动物粪便的味道，和光鲜靓丽的工作环境完全不搭边儿，张勇也曾这么认为。"我在拿到录取通知书的那一刻，对即将要学习的内容，甚至是未来自己要做什么都一无所知，只剩下一片迷茫，而这种状态持续了两年多。"

张勇真正对自己所学的专业认知的转变，源于大学期间开展的一场"三下乡"活动。

当时，他们的服务队在毕节的乡镇集市上设立了咨询点，发放当地畜牧站提供的驱虫药品和养殖知识科普宣传材料，为养殖户们答疑解惑。有位农户前来询问自家的猪拉肚子的问题。张勇表面波澜不惊，实际上内心早已揪紧，这可是进大学3年来第一次现场解决实际问题。

好在深入交谈后，张勇运用所学知识治好了农户家的猪。这次看似微不足道的经历，让张勇一直记忆犹新。他说："那个年代的农村并不富裕，对缺乏科学、系统的养殖知识的农户而言，家里的牲口一旦病死，将给整个家庭带来重大损失。所养的牲口也许是供孩子上学的，也许是给家里人看病的，我的所学看似普普通通，但对于他们，却是雪中送炭。"

这次经历让张勇第一次感受到自己所学的专业是被社会需要的，而这种感受，带来了极大的满足感和动力，也坚定了他自己未来职业道路的选择。从此，张勇不再迷茫，"以身相许"贵州生态畜牧业。

科学指引　做养殖户的引路人、贴心人

"春季气温多变化，疫病流行风险大。越冬猪儿体质差，饲养管理莫落下。""温度适宜猪儿好，高高兴兴满圈跑。湿度合适猪健康，皮红毛亮百病光。"一条条通俗易懂、朗朗上口的顺口溜构成了方言版的《贵州农村春季养猪技术要领图册》，而这套"接地气"的图册正是出自张勇和他的团队之手。

经过多年的积累与磨炼，在贵州养猪领域，张勇已经有了一定的知名度。在课堂上，他是说着专业术语、要求严格的导师，但在养殖户面前，他又能变成一口方言俗语的"土"专家。

"贵州部分养猪农户的文化水平其实并不高，很多时候都是凭借自己所谓的'经验'在养殖，并没有建立一套科学的体系，我做这个图册，就是要用最简单的农民语言、通俗易懂的图画，让农村中小型养殖户的农民朋友看得懂、学得会、记得住、用得上。"张勇向记者介绍道。

2020年，张勇担任省生猪产业发展工作专班副班长，他把一周的时间分成了两部分：周一至周三集中授课，周四到周日便到全省各大猪场走访。养殖企业的培训讲堂、农户的猪圈……处处都能看到他现场讲解和指导的身影。

"你教农民拌饲料，告诉他水和料的比例是百分之几就太抽象了，但你可以跟他说，放水进去搅拌均匀后，用手捏一捏，一捏成团，一松手就散，说明水合适。一捏就结块，松手很难散开，就说明水太多；捏不成

团，说明水少了。这样，农民朋友就懂了。"当张勇看到一些培训资料使用毫升、克、摩尔等词汇时，总是希望尽量采用生活化的语言来传递农业实用技术。

加强研发　让"凉都跑山猪""跑"出大山

除了教学和科研，张勇还是贵州二表哥生态农业有限公司的"技术军师"。他指导开发的"凉都跑山猪"，肉色鲜红，骨骼坚硬，肉质坚实，肉味香浓，肌间脂肪丰富，号称"雪花猪肉"，先后获得"无公害农产品产地认定证书""无公害农产品认定证书""有机转换认证证书"，尤其在珠三角市场深受消费者喜爱。

"我只听过雪花牛肉，这雪花猪肉又如何而来？"记者好奇地问道。

"你别小看这只跑山猪，它每天奔跑达到 10 公里，肌间脂肪含量达8.3%，而普通猪的肌间脂肪含量一般在 3% 左右，所以'凉都跑山猪'的肉有明显大理石条纹，号称'雪花猪肉'。""凉都跑山猪"鲜肉产品主要在珠三角地区销售，并在广东佛山市的仁五、环湖、同济、玫瑰园等 4 个生鲜市场开辟专柜。除此之外，公司开发的肉制品已经试销到北京、上海、广东等地，用跑山猪鲜肉精制而成的云吞和水饺，在广东地区供不应求，受到不少中高端消费群体的青睐。

发挥优势　提升贵州生猪品种品牌附加值

谈到贵州地方猪种如何走好"转型之路"，张勇有着独特的理念，他说："在品种培育上，贵州一定要充分利用本土的优势资源进行弯道超车，利用先进的技术，把从江香猪、江口萝卜猪、可乐猪等非常优秀的地方品种进行提质增量，构建可追溯系统，让整个养猪生产透明化，赢得消费者信赖。"

在采访中，张勇说，在他心目中，理想的高端品牌化生态猪肉产品最好具备以下特点：含有贵州地方品种的血统；纯粮和青绿饲料喂养，不添加化学性药物催长催肥，保证安全健康；喂养周期10个月以上，保证风味和口感；有条件的情况下，合理控制养殖密度，保证充足运动和其他福利条件，让猪儿快乐生长、体质健壮、肌肉紧实。

"跳出猪业想猪业，跨出农业干农业。"张勇围绕对贵州生猪全产业链的认识，提出了贵州生猪全产业链发展的九种动力设想，写出了《关于贵州生猪全产业链发展及其动力的思考》，并指导硕士研究生绘制了贵州生猪全产业链架构图，引发养猪行业对贵州生猪全产业链的关注和讨论。

他认为，贵州生猪全产业链发展的动力需要政策、资金、人才、科技、品牌、市场、企业等多方融合；还可借鉴日本和我国台湾地区精品农业发展经验，充分挖掘利用我国悠久灿烂的传统猪文化资源和贵州生态旅游资源，加快"三品一标"认证和品牌化打造，将贵州纯天然无污染的环境资源优势转变为产品竞争优势，再进一步转变为产业发展优势，不断提高贵州省山地生态猪产品的附加值和产业竞争力。

"希望经过我们养猪人的不懈努力，培育和形成一批肉质能媲美日本鹿儿岛黑猪的贵州地方猪品种，档次能追赶西班牙伊比亚火腿的产品，产业规模和影响力能比肩'一号土猪'的龙头企业，为贵州生猪全产业链发展提供品牌动力。"对此，张勇期待着。

养猪对于张勇而言，意义已经超越了其本身，这不仅是一门科学，也是一门艺术，更是一种坚守。

后 记　　Postscript

民以食为天　猪粮安天下

唐隆强（贵州省农业农村厅总兽医师、贵州省生猪专班常务副班长）

　　猪在中国家庭有着很重要的地位。古时家祭时，陈豕于室，合家而祭。从金文到楷书的"家"字中，宝盖头下面均为"豕"，寓意为居室之下养一猪。在中国古代，无猪是不成家的。猪作为中国农耕文化中一个典型符号，是中华文化的一个载体，位居六畜之首，被作为一种图腾崇拜。早在距今六七千年前的河姆渡文化遗址中就已经发现了有猪纹的器物。早期的玉龙形象是猪头龙身，称为玉猪龙。龙是中华民族的图腾，玉龙形象融合了猪的外貌元素，足见猪的地位之神圣。

　　中华民俗文化中，猪是财富的象征，也是祭祀文化的神祇。民间至今还流传着杀年猪祭灶神的习俗，用以祈求来年吉祥如意、五谷丰登、六畜兴旺，并把每年的年初三定为猪日。野猪性情凶暴、善于搏击，所以猪也含有勇往直前的意思。猪作为神物可以镇妖息怪、招福致祥。古人赶考，亲朋好友都赠送红烧猪蹄，预祝赶考人朱笔题名（猪笔蹄名），这一习俗也流传至今。猪作为财富的象征，广东人常说"猪笼入水"为财源滚滚之意，《清明上河图》中的肥猪拱门也寓意着财源广进。养猪不仅能带来吉祥，还能带来财运。

　　民以食为天，猪粮安天下。解决好吃饭的问题，始终是治国理政的头等大事。全面建成小康社会，要端牢中国人的饭碗，碗里得有粮有菜有肉。猪肉是大多数国民的肉食必需品，猪价变化一头连着城乡居民的"菜篮子"，一头连着农民的"钱袋子"。习近平总书记强调："继续抓好生猪生产恢复，促进产业稳定发展"。党中央、国务院明确指出："像抓粮食生产一样抓生猪生产"，"猪肉与三大谷物一样，必须确保基本自给，自给率必须保持在95%以上"。养猪业是关乎民生的重要产业，在CPI（居民消费价格指数）中的权重也比较大。稳定生猪生产，保障猪肉供应，事关"三农"发展、物价稳定、群众生活和经济社会发展大局。

　　习近平总书记指出："发展产业是实现脱贫的根本之策。要因地制宜，把培育产业作为推动脱贫攻坚的根本出路。"扶贫的重点是解决就业，解决就业的关键是发展产业。我国是世界第一养猪大国，是生猪生产和消费大国，生猪饲养量和消费量均占全球的一半，养猪业成为我国不可缺少的产业，生猪养殖涉及面广、规模大、链条长，在助力乡村振兴中大有作为。2019年，贵州省委决定由12位省领导领衔推进12个特色优势产业，把生猪从畜牧产业中单列出来，由省委常委、省委宣传部部长卢雍政同志领衔推进，省农业农村厅张元鑫副厅长任班长，我兼任常务副班长。生猪养殖通过发展全产业链项目，采取"411"（即公司负责提供猪苗、饲料、生物保健和技术服务，一定保价回收，一定确保合作农户获得合理利润）、"1211"（即1个家庭牧场、存栏生猪2000头、1年养殖周期、收入100万元左右）等合作典型模式和利益联结典型模式推广，为群众就业提供了有力保障，联农带农助农增收成效凸显。通过全省上下的努力，全省养殖场（户）达264万个，部分地区生猪养殖收入占农民收入的30%以上。

　　产业发展得好不好，关键是看百姓笑不笑。产业兴，收入增；产业行，脱贫稳。我们围绕消费需求抓生猪生产供给，围绕提质增效抓产业链建设，围绕助农增收抓节本增效，制定有力有效的举措和办法；以务实的作风和更加创新的理念，坚持"抓大不放小""白猪黑猪一起抓"，在提高生猪生产能力的同时，强化生猪种业建设；推动生猪省级重点项目和"三个100万"生猪基地建设，规范提升生猪规模养殖场，把中小养殖户带入现代生猪养殖轨道；大力推广"龙头企业＋合作社＋农户""龙头企业＋农户"等组织方式，鼓励其以产权、资金、劳动、技术、产品为纽带，开展合作和联合经营，带动农民有机融入现代生猪产业，提升小养殖户应对市场、疫病风险能力；鼓励生猪产业链各环节的生产经营主体在项目建设和运行中优先使用省内农民工；大力实施种源品种优化、品质提升、品牌创建战略，不断提高生态畜牧产业"芯片"含金量；强化对贵州香猪、可乐猪、关岭猪、黔北黑猪、白洗猪、黔东花猪、江口萝卜猪、宗地花猪等地方猪种质资源的保护和开发利用，不断增强生猪产业质量、效益和竞争力，让产业带动更多农户增收，为全面推进乡村振兴提供有力支撑。

猪是助推农耕文明与游牧文明的标尺。远古时代，猪不仅是人类家庭生活的重要组成部分，也影响着人类的寿命及命运。有了猪，生活就有保障；有了猪，幸福才能继续延续。从唐代诗人王绩的"小池聊养鹤，闲田且牧猪"（《田家三首》）与"尝学公孙弘，策杖牧群猪"（《薛记室收过庄见寻率题古意以赠》）可以看出，在古代，猪也是生活幸福的指标之一。新时代新征程上，我们要树立大农业观，把生猪生产提升到更高的位置上来，我们更要以全新的姿态去崇拜、全新的思维去挖掘，把猪的价值提高，把猪的事业做大，把猪的故事讲好，书写猪在新时代的篇章！我们乐见通过推进养猪业高质量发展，促进养殖户获得高收入，增加老百姓的幸福感。我们期待猪产业发展中取得进步的每一个"小目标"，都融进乡村振兴的宏图中！